Stan Campbell
Espresso-Bibel

Stan Campbell

Espresso-Bibel

In 60 Minuten durch das
Alte und Neue Testament

Aus dem Englischen von Annette Nau

FREIBURG · BASEL · WIEN

2. Auflage

Deutsche Erstausgabe
Titel der Originalausgabe: Bible to Go
Copyright © 2006 by Stan Campbell
Alle Rechte vorbehalten – Printed in Czech Republic
© Verlag Herder Freiburg
www.herder.de
Herstellung: fgb · freiburger graphische betriebe 2008
www.fgb.de
Umschlaggestaltung und Konzeption: R M E München /
Roland Eschlbeck, Liana Tuchel
ISBN 978-3-451-07067-9

Inhalt

Einleitung 7

1. Die Anfänge 9
2. Die Patriarchen: Von Mesopotamien nach Israel 16
3. In der Wildnis: Hinaus aus Ägypten und zurück nach Hause 28
4. Das Volk lässt sich nieder: Die Entstehung einer Nation 37
5. Die Weisheitsliteratur: Lieder, Geschichten, Redewendungen und Sex 50
6. Gespalten und Besiegt – Der Untergang der Nation und der Aufstieg der Propheten 60
7. Zurück nach Hause: Die Rückkehr nach Israel 70
8. Jesus: Seine Menschlichkeit 78
9. Jesus: Seine Lehre 88
10. Jesus: Seine Göttlichkeit 95
11. Die Frühe Kirche 106

12 Paulus: Sein Leben und Wirken	.....	115
13 Paulus: Die Briefe	....	121
14 Weitere Briefe des Neuen Testaments	..	130
15 Die Offenbarung: Das Große Finale	..	138
Anhang	....	145

Einleitung

Die *Espresso-Bibel: In 60 Minuten durch das Alte und Neue Testament*. Sie haben dieses Buch in die Hand genommen, fragen sich aber, was „Espresso" zu bedeuten hat?

Zunächst soll dieses Buch Menschen, die mit der Bibel nicht vertraut sind, die Möglichkeit geben, sich innerhalb kürzester Zeit einen groben Überblick über den Inhalt der Bibel – von der Genesis bis zur Offenbarung – zu verschaffen. Ich weiß, Sie sind schwer beschäftigt und haben eigentlich keine Zeit, ein Buch zu lesen und sich intensiv mit seinem Inhalt auseinander zu setzen. Und wenn doch, weiß man bei der Bibel oft nicht, wie man sie lesen soll und wo man am Besten beginnt. Sollten Sie also ständig auf dem Sprung sein und keine Zeit haben, gemütlich Kaffee zu trinken und dabei die Bibel zu studieren, können Sie dieses kleine, informative Buch überall mit hin nehmen und bei einem schnellen Espresso einen kurzen Blick hineinwerfen.

Außerdem macht der Titel *Espresso-Bibel* deutlich, dass die Bibel alles andere als „kalter Kaffee" ist. Im Gegenteil. Wie ein Espresso, ist dieses Buch schnell, stark, konzentriert und gut. Die Bibel ist nicht alt, verstaubt und langweilig, sondern strotzt nur so vor Leben, Spannung und Kraft. Der Verfasser des Hebräerbriefes sagt, „voll Leben ist Gottes Wort und voll Kraft" (Hebräer 4,12), und auch heute noch werden Ihnen viele Menschen diese Aussage bestätigen.

Durch die Bibel zieht sich ein roter Handlungsfaden, eine zusammenhängende Geschichte. Die *Espresso-Bibel* verfolgt den Handlungsverlauf vom Anfang bis zum Ende. Wir können zwar nicht in die Tiefe gehen, aber ich hoffe, dass es sich dennoch für Sie lohnt, das Buch zu lesen, und es Ihnen zu einem besseren Verständnis für die Bibel verhilft. Vielleicht weckt es sogar Ihr persönliches Interesse und regt Sie dazu an, das Gelesene auf Ihr eigenes Leben anzuwenden.

Also, auf die Plätze. Fertig. Los!

– 1 –
Die Anfänge

Es ist immer gut, mit dem Anfang zu beginnen, am Anfang der Bibel ist Gott aber schon längst da (Genesis 1,1). Der theologische Glaube, dass Gott unendlich ist, bedeutet nicht nur, dass er in der Zukunft immer existieren wird, sondern auch, dass er in der Vergangenheit schon immer existiert hat.

Die Schöpfung (Genesis 1)

Wie Sie feststellen werden, ist es am Anfang unserer Reise durch die Bibel vollkommen finster. Und wir befinden uns an einem Ort, der formlos ist und leer. Aber ein Wort von Gott genügt und es wird schlagartig hell. Noch ein Wort, und Erde und Himmel trennen sich. Noch ein paar Worte, und in der eben erst erschaffenen Welt wimmelt es von Pflanzen, Tieren und den ersten Menschen. (Siehe Seite 145). Am Abend der Schöpfungstage stellt Gott fest, dass sein Werk „gut" ist; und nachdem er die Menschen erschaffen hat, betrachtet Gott alles, was er getan hat, und befindet es für „sehr gut" (Genesis 1,31).

Adam und Eva (Genesis 2,15–3,24)

Adam, dem ersten Menschen, wurde die Aufgabe übertragen, allen Tieren Namen zu geben. Während er dies tat, stellte er fest, dass es keine „Hilfe, die dem Menschen entsprochen hätte", gab (Genesis 2,20). Deshalb versenkte Gott ihn in einen tiefen Schlaf und benutzte eine seiner Rippen, um Eva daraus zu erschaffen. Gott setzte die beiden in den Garten Eden, und obwohl sie nackt waren, schämten sie sich nicht.

Eden war ein Paradies. Nach einer Weile taten Adam und Eva aber genau das, was ihnen von Gott verboten worden war. Eine Schlange hatte die beiden solange in Versuchung geführt, bis sie nicht länger widerstehen konnten und Früchte vom Baum der Erkenntnis über Gut und Böse aßen. Plötzlich wurde ihnen bewusst, dass sie nackt waren, und sie versteckten sich vor Gott. Diese „Ursünde" löste eine Trennung von Gott aus, durch die es für die Menschen im Laufe der Jahrhunderte immer schwieriger werden sollte, mit ihm in Kontakt zu treten. Außerdem brachte sie einen Fluch über die Schlange, Adam und Eva: Dornen und Disteln sollten Adam bei seiner zukünftigen Arbeit behindern, und Eva sollte unter Schmerzen gebären und ihrem Mann untergeordnet sein. Gleichzeitig führte die Ursünde aber auch zur ersten messianischen Prophezeiung der Bibel: Es werde eine Zeit kommen, in der ein Nachfahre von Adam und Eva der Schlange den „Kopf zermalmt", auch wenn die Schlange ihn „an der Ferse trifft" (Genesis 3,14–19). Das wird von vielen als Bild für Jesus gedeutet, der den Satan besiegt.

Kain und Abel (Genesis 4,1–16)

Nachdem Adam und Eva aus dem Paradies vertrieben worden waren (um zu verhindern, dass sie vom Baum des Lebens aßen und für immer getrennt von Gott lebten), dauerte es nicht lange, bis das Unheil sich ausbreitete. Als Gott ein Opfer von ihrem älteren Sohn, Kain, ablehnte, aber eins von ihrem jüngeren Sohn, Abel, annahm, bekam Kain einen Eifersuchtsanfall. Er lockte Abel hinaus auf ein Feld und beging den ersten vorsätzlichen Mord. Als Gott ihn daraufhin ins Verhör nahm, spielte er den Unschuldigen, hatte damit aber wenig Erfolg.

Frühe Persönlichkeiten (Genesis 4,17–5,32)

Kurze Zeit später stoßen wir auf Lamech, einen großen Angeber. Außerdem treffen wir den ersten Bauern (Jabal), Musiker (Jubal) und Metallarbeiter (Tubal-Kajin). Und hier finden wir auch die älteste Figur der Bibel: Metuschelach, der das stolze Alter von 969 Jahren erreichte. Bei dieser Lebensdauer ist es kein Wunder, dass die Menschen fruchtbar waren und sich vermehrten und die Bevölkerung immer größer wurde.

Aber genau dasselbe tat auch die Sünde. Die Menschen lebten und starben und wollten im Großen und Ganzen nichts von Gott wissen. Es gab aber ein paar Menschen, die sich als positive Ausnahmen von den anderen abhoben. Einer davon war Henoch, der Vater von Metuschelach. Über ihn heißt es: „Henoch wandelte mit Gott, dann war er nicht mehr; denn Gott hatte ihn aufgenommen" (Genesis 5,24). Diese etwas rätselhafte Aussage wird in Hebräer 11,5 besser erklärt, wo wir erfahren, dass Henoch der körperliche Tod erspart blieb, weil Gott Gefallen an ihm hatte.

Noach (Genesis 6–9)

Eine andere Ausnahme war Noach. Er „war ein gerechter Mann, untadelig unter seinen Zeitgenossen" und „er ging seinen Weg mit Gott" (Genesis 6,9). Die Sünde hatte nun einen Punkt erreicht, an dem Gott bereute, „dass er den Menschen auf Erden gemacht hatte, und er war tief betrübt" (Genesis 6,6). Zu dieser Zeit verkürzte Gott die Lebensdauer der Menschen auf 120 Jahre (Genesis 6,3). Außerdem sagte er Noach, er solle eine dreistöckige Arche bauen, weil eine verheerende Flutkatastrophe bevorstünde. Die Arche sollte 300 Ellen lang, 50 Ellen breit und 30 Ellen hoch sein. Als er die Arche fertig stellte, war Noach 600 Jahre alt. Ein

Paar von jeder Vogel- und Tierart kam zu ihm, und er brachte sie an Bord. Dann schloss Gott die Tiere und acht Menschen (Noach, seine Frau, seine drei Söhne und ihre Frauen) in der Arche ein.

Es begann zu regnen und gleichzeitig „brachen alle Quellen der großen Tiefe auf" (Genesis 7,11). Nach vierzig Tagen war die Erde vollkommen überflutet, und es dauerte einige Zeit, bis das Wasser wieder zurückging. Über ein Jahr verbrachten Noach und seine Familie auf der Arche, bis ihnen eine Taube ein Zeichen brachte, dass die Erde nun trocken genug war, um von Bord zu gehen (Genesis 7,11,8,13–14). An diesem Punkt schloss Gott mit Noach den Bund, die Erde nie wieder durch eine Sintflut zu zerstören, und als Zeichen dafür sandte er einen Regenbogen (Genesis 9,11–16).

Obwohl Gott der Menschheit eine zweite Chance dazu gegeben hatte, das Böse auszulöschen, das so überhand genommen hatte, war es doch nicht dauerhaft aus der Welt. Noach pflanzte einen Weinberg an, betrank sich und zog sich nackt aus. Einer seiner Söhne beobachtete ihn dabei und verspottete ihn. Als Noach herausfand, dass sein Sohn ihn beleidigt hatte, verfluchte er dessen Nachkommen.

Der Turmbau zu Babel (Genesis 11, 1–9)

Die nächste größere Geschichte, zu der wir kommen, handelt vom Turmbau zu Babel: Eine Gruppe von Menschen versuchte, einen Turm bis in den Himmel zu bauen, weil sie sich „einen Namen machen" (Genesis 11, 4) und, wie es scheint, an Gottes Herrlichkeit teilhaben wollten. Aber Gott „verwirrte ihre Sprache", sodass sie sich nicht länger untereinander verständigen konnten, und sie zerstreuten sich über die ganze Erde.

Wie Sie sehen, ist unsere Reise durch die Bibel schon jetzt ganz schön aufregend, obwohl wir uns eben erst auf den Weg gemacht haben. Und von nun an wird es noch spannender. Denn es kommt das Zeitalter der „Patriarchen".

– 2 –

Die Patriarchen:
Von Mesopotamien nach Israel

Bis zu diesem Zeitpunkt hat sich die Handlung der Bibel im „fruchtbaren Halbmond" des Nahen Osten abgespielt. Den Garten Eden müssen wir uns ungefähr dort vorstellen, wo Euphrat und Tigris zusammenfließen (Genesis 2,10–14). Die Arche Noachs strandete auf dem Berg Ararat (Genesis 8,4), von dem man glaubt, dass er sich in der heutigen Türkei befindet. Die Stadt Babylon (im heutigen Irak) war bereits gegründet worden und der Turm von Babel lag ganz in ihrer Nähe. Wann aber führt uns die Handlung der Bibel nach Israel? Genau jetzt.

Abraham (Genesis 12–23)

In der mesopotamischen Stadt Ur lebte ein Mann namens Abram. Eines Tages, als er fünfundsiebzig Jahre alt war, erhielt er die Anweisung von Gott, seine Heimat zu verlassen und in ein Land zu ziehen, das Gott ihm zeigen würde. Sicherlich hatte Abram so etwas noch nie zuvor erlebt und der Vorfall muss ihm sehr merkwürdig vorgekommen sein, aber trotzdem „zog Abram fort" (Genesis 12,4).

Zusammen mit seiner Frau Sarai, seinem Neffen Lot, seinem gesamten Hab und Gut, seinen Knechten und seinen Herden machte er sich auf den Weg. Abra(ha)m bleibt auch im weiteren Verlauf der Bibel eines der herausragendsten Beispiele für Vertrauen in Gott; doch hatte auch er seine Fehler. Zweimal gab er seine Frau als seine Schwester aus, weil er sich von fremden Machthabern bedroht fühlte, und duldete es, dass sie in den Harem anderer Männer aufgenommen wurde. Aber beide Male beschützte Gott Sarai und brachte sie zu Abram zurück, bevor ihre Ehre verletzt werden konnte.

Abram war aber trotz allem kein Feigling. Als Lot von einigen verbündeten Königen entführt wurde, zog er mit einer Rettungsmannschaft los, um ihn zurückzuholen. Und als zwischen Lots Knechten und Abrams Knechten ein heftiger Streit entbrannte, war es Abraham, der den Konflikt löste, indem er Lot die Erlaubnis gab, sich dort niederzulassen, wo er wollte. (Unklugerweise entschied sich Lot für die Städte Sodom und Gomorra.)

Als Abram auch weiterhin im Vertrauen auf Gott handelte, erweiterte Gott die Versprechen, die er ihm zuvor gegeben hatte. Gott versprach, Abrams Namen berühmt zu machen, ihm alles Land, das er um sich sah, zu schenken und seine Nachkommen so zahlreich zu machen wie die Sterne am Himmel. Und als Zeichen für den Bund, den er mit ihm geschlossen hatte, änderte Gott Abrams Namen in Abraham: „Vater der Menge".

Das Problem war aber, dass Abraham und Sarah, deren Namen ebenfalls von Gott geändert worden war, immer noch kein Kind hatten und die beiden rasch älter wurden. Deshalb ließ Sarah Abraham, als er sechsundachtzig Jahre alt war (und Sarah war gerade mal zehn Jahre jünger), mit ihrer Magd Hagar schlafen, damit er einen Nachkommen zeugte. Das aus dieser Verbindung hervorgegangene Kind, Ismael, sorgte für großen Unmut im Hause Abraham und Gott versicherte Abraham abermals, dass sein Kind von Sarah geboren werden würde. Und tatsächlich: Als Abraham hundert Jahre alt war und Sarah neunzig, gebar sie ihm einen Sohn, den sie Isaak nannten. Aus Isaak sollte das jüdische Volk hervorgehen, und aus Ismael das Volk der Araber. Abram, dessen ursprünglicher Name „erhabener Vater" bedeutete, wurde tatsächlich zu Abraham, dem „Vater der Menge", und wird heute von den Christen, den Juden und den Moslems gleichermaßen verehrt.

Sodom und Gomorra (Genesis 18–19)

Abrahams Neffe Lot hatte sich in Sodom und Gomorra niedergelassen – den Zwillingsstädten der Sünde. Gott erzählte Abraham von seiner Absicht, die beiden Städte zu zerstören. Abraham verhandelte mit Gott und rang ihm schließlich das Versprechen ab, die Städte zu verschonen, wenn auch nur zehn rechtschaffene Leute dort wohnen sollten. Doch dem war nicht so.

Als zwei Engel zu Lot kamen, um ihn vor der bevorstehenden Zerstörung der Stadt zu warnen, versuchten einige Stadtbewohner, in Lots Haus einzudringen, um die Besucher zu vergewaltigen (die sie für ganz normale Männer hielten). Die Engel schlugen die Meute mit Blindheit und sagten Lot, er solle seine Freunde und Familienangehörigen auf der Stelle aus der Stadt bringen. Aber als Lot dies versuchte, glaubten sie, dass er einen Witz machte. Bei Sonnenaufgang mussten die Engel handgreiflich werden und Lot, seine Frau und ihre beiden Töchter aus der Stadt zerren, um sie in Sicherheit zu bringen. Sie befahlen ihnen, in die Berge zu fliehen und auf keinen Fall zurückzublicken. Lots Frau aber drehte sich um und erstarrte augenblicklich zu einer Salzsäule. Nicht lange danach gaben Lots Töchter ihrem Vater abwechselnd Wein zu trinken und schliefen mit ihm, um Nachkommen zu zeugen. Aus ihren Söhnen, Moab und Ben-Ammi, gingen die Moabiter und Ammoniter hervor – Stämme, die den Israeliten im Laufe ihrer Geschichte das Leben schwer machen sollten.

Isaak (Genesis 21–22, 24, 26)

Die wahrscheinlich bekannteste Geschichte um Abraham handelt von seinem Sohn Isaak. Als Isaak noch klein war, stellte Gott Abraham auf die Probe, indem er ihm befahl, seinen Sohn zu opfern. „Früh am Morgen" kam Abraham diesem Befehl nach und stieg mit Isaak zum Gipfel eines Berges hinauf. Dort fesselte Abraham seinen Sohn, erhob sein Messer und machte sich bereit, es Isaak in die Brust zu stoßen. In letzter Sekunde rief ein Engel zu Abraham, um ihn davon abzuhalten. Anstelle von Isaak diente ein Widder, der sich im Unterholz verfangen hatte, als Opfer. Abraham hatte seine Vertrauensprüfung bestanden. Im Neuen Testament wird diese Begebenheit so gedeutet, dass Abraham geglaubt hatte, Gott könne Isaak, wenn nötig, wieder zum Leben erwecken (Hebräer 11,17–19).

In einer anderen großartigen Bibelgeschichte wird später berichtet, wie Abraham einen Knecht ausschickt, um eine gottesfürchtige Frau für Isaak zu finden. Er bittet um ein eindeutiges Zeichen, und der Diener bringt schließlich Rebekka mit nach Hause. Als Isaak sich später mit einem feindlichen König konfrontiert sieht, der sich für seine Frau interessiert, reagiert er genau wie sein Vater: er behauptet, sie sei seine Schwester, und lässt sie mit dem König gehen. Als der König aber zufällig zum Fenster hinausschaut und sieht, wie Isaak und Rebekka miteinander schmusen, kann er sich schnell zusammenreimen, dass etwas nicht stimmt. Der Konflikt konnte jedoch friedlich gelöst werden, und später bekamen Isaak und Rebekka Zwillinge: Jakob und Esau.

Jakob (Genesis 25, 19–34, 27–33)

Man kann sich wohl kaum unterschiedlichere Zwillinge als Jakob und Esau vorstellen. Jakob war „ein zurückgezogener Mann, der bei den Zelten blieb". Esau hingegen war der ganze Stolz seines Vaters und „ein tüchtiger Jäger, ein Mann der Steppe".

Als ältestem Sohn hätte Esau das „Erstgeburtsrecht" zukommen sollen – also alle Privilegien und Vorteile, die der älteste männliche Nachkomme einer Familie normalerweise genießt. Aber je nachdem, wie man die Bibel interpretiert, war Jakob entweder ein egoistischer und gerissener Betrüger oder ein meisterhafter und überaus gewitzter Geschäftsmann. (Schon als sie geboren wurden, hielt sich Jakob mit der Hand an Esaus Ferse fest.) Erst nutzte er einen von Esaus verletzlichen Momenten aus und luchste ihm das Erstgeburtsrecht ab. Später dann, als Isaak seinem älteren Sohn den offiziellen Segen erteilen wollte, heckten Jakob und Rebekka einen raffinierten Plan aus, mit dem sie den blinden Vater der Zwillinge hinters Licht führten, damit er Jakob segnete. Jakob musste daraufhin von zu Hause fliehen, um Esaus Zorn zu entgehen.

In den zwanzig Jahren, die Jakob von zu Hause weg war, hatte er einen prophetischen Traum von einer Leiter, die in den Himmel führte, nahm sich zwei Frauen, bekam zwölf Söhne und eine Tochter und legte sich große Vieherden zu, während er für Rebekkas Bruder Laban arbeitete. Als sich Jakob auf seine Heimkehr und die Begegnung mit Esau vorbereitete, kämpfte er eine Nacht lang mit einem Fremden. Wie sich herausstellte, war der Fremde niemand anderes als Gott selbst. An dieser Stelle änderte Gott Jakobs Namen in Israel (was soviel bedeutet wie „er kämpft mit Gott"). Aus Jakobs Söhnen sollten im Wesentlichen die zwölf Stämme Israels, oder zusammengenommen das Volk der Israeliten hervorgehen.

Nach zwanzig Jahren hatte Esau Jakob verziehen, und die beiden versöhnten sich friedlich miteinander.

Josef (Genesis 37, 39–50)

Von all seinen Söhnen mochte Jakob Josef mit Abstand am liebsten – er war der Sohn, der ihm noch in hohem Alter geboren wurde. Zwischen Josef und seinen älteren Brüdern entwickelte sich eine Rivalität, die so schlimm wurde, dass die Brüder beschlossen ihn zu töten. Als eine Karawane vorbeikam, entschieden sie sich aber, ihn stattdessen als Sklaven zu verkaufen. Um ihre Tat zu vertuschen, nahmen sie den schicken Mantel, den Josef von ihrem Vater geschenkt bekommen hatte, tauchten ihn in Ziegenblut und erzählten Jakob, Josef sei von einem wilden Tier getötet worden.

Josef wurde nach Ägypten gebracht und wuchs dort schnell zum Mann heran. Sowohl Gott als auch seinem Herrn Potifar war er ein treuer Diener. Potifars Frau beschuldigte ihn jedoch grundlos der versuchten Vergewaltigung und ließ ihn ins Gefängnis werfen. Aber selbst hinter Gittern wurde Josefs unerschütterlicher Glaube belohnt: Schon bald bekam er die Verantwortung für die anderen Insassen übertragen, und er erfüllte seine Aufgabe so gut, dass sich der Gefängnisaufseher um nichts mehr kümmern brauchte. Als Josef dem Pharao einen Traum deutete und ihm voraussagte, dass sieben reiche Jahre und sieben Jahre der Dürre und Hungersnot bevorstünden, wurde er endlich aus dem Gefängnis entlassen. Dank Josef deckten sich die Ägypter mit Getreide ein und waren so für die Jahre der Hungersnot gewappnet. Sie hatten sogar so viele Vorräte, dass sie auch die umliegenden Länder mitversorgen konnten. Außerdem wurde Josef zum zweitobersten Befehlshaber des Landes ernannt, und der Pharao war der einzige, dem er zu gehorchen hatte.

Die Geschichte nimmt eine unerwartete Wendung, als die Hungersnot auch über Israel hereinbricht und Jakob seine Söhne nach Ägypten schickt, um Getreide zu kaufen. Und da standen plötzlich seine Brüder vor Josef und baten um Essen. Sie erkannten ihn nicht nach alle den Jahren, aber er kannte *sie*. Um herauszufinden, ob sie sich geändert hatten, stellte er sie zuerst auf die Probe. Und tatsächlich bereuten sie, was sie getan hatten, und beschützten ihren kleinen Bruder Benjamin, der noch nach Josef zur Welt gekommen war, wie eine Löwin ihr Junges. Schließlich gab sich Josef aber zu erkennen, verzieh ihnen und versicherte, dass alles, was geschehen war, von Anfang an Gottes Plan gewesen sei.

Jakob war natürlich überglücklich, als er erfuhr, dass Josef noch am Leben war. Der ägyptische Pharao bestand sogar darauf, dass Josefs Familie nach Ägypten zog und sich „im besten Teil des Landes" niederließ – in der Region Goschen.

Das Buch Genesis endet mit dem Tod von Jakob (Israel) und von Josef. Bevor Josef starb, ließ er seine Brüder jedoch schwören, seine Gebeine mitzunehmen, wenn sie Ägypten einst verließen. Dies scheint ein seltsamer Wunsch gewesen zu sein, aber wie wir gleich sehen werden, wusste Josef vielleicht mehr als seine Brüder.

– 3 –

In der Wildnis: Hinaus aus Ägypten und zurück nach Hause

Auf unserer weiteren Reise durch die Bibel bleiben wir vorerst in Ägypten und lassen ungefähr vierhundert Jahre ins Land gehen. In dieser Zeit wird die Präsenz der Israeliten immer größer. Aus den siebzig Leuten von Josefs Familie, die sich in Goschen niedergelassen hatten, wird ein riesiges Volk von Abertausenden von Menschen. Nach und nach vergessen die ägyptischen Herrscher Josef und seine Weisheit wieder, dank derer Ägypten blühte, während viele andere Länder unter einer schrecklichen Hungersnot zu leiden hatten.

Mose: Seine Geburt, sein Vergehen und der Brennende Dornbusch (Exodus 1–2)

Die Folge war, dass der neue Pharao beschloss, die Israeliten zu Sklaven zu machen. Und als ob dies nicht schon schlimm genug gewesen wäre, wurde der Befehl erlassen, sämtliche männlichen Neugeborenen der Hebräer zu töten, indem man sie in den Nil warf. Unter diesem Todesurteil erblickte Mose das Licht der Welt.

Aber anstatt dem Befehl Folge zu leisten, legte ihn seine Mutter in einen mit Harz verklebten Korb, setze diesen ins Schilf am Ufer des Nils und ließ seine große Schwester beobachten, was mit ihm geschah. Gerade als die Tochter des Pharaos ein Bad nahm, begann Mose zu schreien. Sie adoptierte das Kind und stellte sogar seine eigene Mutter als Amme ein.

Mose wuchs zwar als Ägypter auf, war sich seiner hebräischen Wurzeln aber durchaus bewusst. Eines Tages wurde er Zeuge, wie ein Ägypter einen Hebräer schlug, und in einem vermeintlich unbeobachteten Moment tötete er den Ägypter. Als er aber erfuhr, dass Leute von seiner Tat wussten, floh er in die Wildnis, um dem Zorn des Pharao zu entgehen. Dort heiratete er Zippora, eine der sieben Töchter von Jitro, und arbeitete als Schafshirte für seinen Schwiegervater.

Eines Tages, als er mit seinen Schafen unterwegs war, kam Mose zu einem Dornbusch, der aussah, als würde er brennen, aber trotzdem brannte er nicht nieder. Aus dem Busch heraus rief Gott seinen Namen und befahl ihm, sein Volk aus Ägypten hinaus zu führen, in „ein gutes und weites Land, in ein Land, darin Milch und Honig fließt."

Mose zögerte zunächst und erfand eine Reihe von Ausreden, aber schließlich kam er Gottes Befehl nach.

Der Pharao, die Plagen, der Auszug und das Rote Meer (Exodus 3–15)

Mose kehrte zum Pharao zurück, und genau wie ihm Gott befohlen hatte, sprach er zu ihm: „Gib mein Volk frei." Der Pharao ließ die Israeliten aber nur noch härter arbeiten. Daraufhin schickte Gott den Ägyptern eine Reihe von Plagen – Frösche, Heuschrecken, Hagel, Finsternis und so weiter. Plage für Plage blieb der Pharao standhaft, obwohl sein Land im Chaos versank, während das von den Israeliten bewohnte Gebiet von den Plagen verschont blieb.

Bei der letzten Plage aber tötete Gott die Erstgeborenen einer jeden Familie wie auch die ihres Viehs. Die Israeliten hatten sich rechtzeitig vorbereitet und ihre Haustüren mit Lammblut bestrichen, damit Gott an ihren Häusern vorüberging (dies war der Anfang des jüdischen Pessachfestes). Die Todesfälle in den Häusern der Ägypter brachten den Pharao letztendlich zu der Einsicht, dass es besser war nachzugeben und die Israeliten ziehen zu lassen.

Aber kaum hatten sich Mose und seine Leute auf den Weg gemacht, überlegte es sich der Pharao anders. Die Israeliten lagerten gerade am Roten Meer, als die ägyptische Armee angeritten kam. Es sah so aus, als säßen die Israeliten in einer Falle. Doch Gott befahl Mose, seinen Stab über das Wasser zu halten, und als er dies tat, teilte sich das Wasser. Trockenen Fußes durchquerten die Israeliten das Meer. Als die Ägypter die Verfolgung aufnahmen, versanken sie mitsamt ihren Streitwagen im Meer und sie erkannten: „Der Herr streitet … wider Ägypten." Das Wasser schloss sich über ihren Köpfen und kein einziger unter den Ägyptern kam mit dem Leben davon.

Vierzig Jahre in der Wildnis

(Exodus 16–40, Levitikus, Numeri, Deuteronomium)

Tagsüber zog Gott in einer Wolke vor dem Volk her und nachts in einer Säule aus Feuer. Die Route, die er wählte, war zwar etwas umständlich, aber bewahrte sie vor Zusammenstößen mit feindlichen Völkern. Er sorgte für frisches Wasser, selbst wenn es nur verschmutzte Tümpel oder nackte Felsen gab. Jeden Tag (außer am Sabbat) ließ er Manna vom Himmel fallen, das wie „Honigkuchen" schmeckte.

Auf ihrem Weg ließ er die Menschen am Berg Sinai Halt machen. Dort rief er Mose zum Gipfel hinauf und übergab ihm Gesetze, nach denen die

Menschen leben sollten, darunter auch die Zehn Gebote (siehe Seite 146 f.). Außerdem gab er Mose genaue Anweisungen für den Bau eines Heiligtums – ein tragbares Haus, in dem die Menschen während ihrer Reise den Gottesdienst abhalten konnten (und das der Vorläufer des Tempels war).

Aber obwohl Gott so gut für sie sorgte, beschwerten sich die Menschen immer und immer wieder. Sie mochten das ewig gleichschmeckende Manna nicht. Sie hatten Angst, dass ihnen das Essen und Trinken ausgehen und sie von Feinden überwältigt werden könnten. Ständig wollten sie umkehren und nach Ägypten zurück gehen, weil sie dort zumindest wussten, was sie erwartete – auch wenn es die Sklaverei war!

Selbst als sie die Grenze zum gelobten Land, das Ziel ihrer Reise, erreichten, blieben sie widerspenstig. Zwölf Spione wurden ausgesandt, um die Gegend zu erkunden. Das Land war wirklich großartig, aber seine Einwohner waren groß und furchteinflößend. Zehn der Spione empfahlen umzukehren und zurückzugehen. Nur zwei – Josua und Kaleb – bestanden darauf, in das Land zu ziehen, und als Dank wurden sie beinahe von der Meute gesteinigt.

Gott hatte aber entgültig genug. Er beschloss, das Volk durch die Pest auszulöschen und noch einmal von vorne zu beginnen, aber Mose setzte sich dagegen zur Wehr. Also ordnete Gott an, dass das Volk stattdessen vierzig Jahre durch die Wüste ziehen müsse, bis die ungläubige Generation ausgestorben und durch vertrauensvollere Menschen ersetzt worden war. Als sie diese Neuigkeiten hörten, versuchten die reumütigen Israeliten *endlich*, das fremde Land zu betreten, sie wurden aber auf grausame Weise daran gehindert (Numeri 13–14).

Nach vierzig Jahren war die neue Generation der Israeliten tatsächlich bereit, weiterzuziehen. Weil Mose aus Enttäuschung ungehorsam geworden war, durfte er das gelobte Land nicht betreten. Gott führte ihn aber auf einen Berg und ließ ihn einen Blick darauf werfen, bevor er starb. Deshalb war es Josua, der das Volk letztendlich in das Land führte.

Einige wichtige Geschichten aus diesem Abschnitt der Bibel sind:

Die Israeliten nehmen Josefs Gebeine mit auf die Reise (Exodus 13,17–19)

Das goldene Kalb (Exodus 32)

Moses Vergehen
(Numeri 20,1–13, Deuteronomium 32)

Bileam und seine sprechende Eselin
(Numeri 22)

Die Zehn Gebote
(Exodus 20,3–17, Deuteronomium 5,7–21)

Rahab und die israelitischen Spione (Josua 2)

Der wunderbare Einzug ins gelobte Land
(Josua 3)

Achan: Die Auswirkungen des Vergehens einer einzelnen Person auf ein ganzes Volk
(Josua 7)

Josua und das gelobte Land (Das Buch Josua)

Josua war ein vorbildlicher Führer, den Gott persönlich dazu auserwählt hatte, die Israeliten an das Ziel ihrer Reise zu bringen. Die mächtige Stadt Jericho war das erste Hindernis, auf das sie im neuen Land stießen. Aber Josua befolgte Gottes Anweisungen bis ins kleinste Detail und die Mauern der Stadt stürzten ein.

Nachdem sie sich im gelobten Land niedergelassen hatten, teilten sich die Israeliten in verschiedene Stämme auf und besiedelten die Regionen, die ihnen von Gott zugewiesen worden waren. Gott hatte ihnen den Auftrag erteilt, sämtliche Einheimischen aus dem Gebiet zu vertreiben und sich selbst dort niederzulassen. Dabei sollten sie keine Gnade walten lassen und ja keinen Kontakt zu Nicht-Israeliten aufnehmen.

Die Leute waren stark und hatten Gott auf ihrer Seite, allerdings kamen nur wenige der Stämme Gottes Befehl nach. Hätten sie ihre potentiellen Unterdrücker aus dem Land vertrieben, wäre ihnen für lange Zeit ein Leben in Frieden und Wohlstand gewiss gewesen. Aber sie taten es nicht. Und im nächsten Kapitel werden wir sehen, welche Konsequenzen dies für sie hatte.

› – 4 –

Das Volk lässt sich nieder: Die Entstehung einer Nation

Bis zum jetzigen Zeitpunkt unserer rasanten Reise durch die Bibel hat sich der Schauplatz des Geschehens von Mesopotamien nach Israel, dann nach Ägypten und wieder zurück nach Israel (das gelobte Land) verlagert. Und hier werden wir vorerst auch bleiben. Leider werden die Menschen später gezwungen, das Land wieder zu verlassen, aber für die nächsten Jahrhunderte lassen sie sich erst einmal hier nieder.

Die Richter

Die „Richter" des biblischen Zeitalters hatten nicht im Geringsten Ähnlichkeit mit dem, was wir im Kopf haben, wenn wir an Gerichtssäle, flatternde Roben und Urteilsverkündungen denken. Die biblischen Richter waren kriegerische Anführer, die von Gott dazu berufen waren, das Volk in einer rauen und barbarischen Zeit gegenüber feindlichen Mächten zu verteidigen. Nachdem sich die Menschen im gelobten Land eingelebt hatten, dauerte es nicht lange, bis die Gottesfürchtigkeit in Israel immer mehr abnahm und schließlich ganz verschwand. Der letzte Vers im Buch der Richter beschreibt das Motto dieses Zeitalter ganz treffend: „Zu der Zeit war kein König in Israel; jeder tat, was ihn recht dünkte."

Das Buch der Richter schildert einen sich ständig wiederholenden Kreislauf: (1) die Menschen vergessen Gott, (2) Gott lässt zu, dass die Israeliten von verschiedenen Feinden überwältigt und beherrscht werden, (3) die Israeliten zeigen Reue und rufen Gott um Hilfe an, (4) Gott beruft einen Richter, um den Feinden Israels entgegenzutreten und sie zu besiegen, (5) das Volk lebt für längere Zeit in Frieden und Freiheit. Aber jedes Mal vergessen die Menschen Gott aufs Neue und lösen damit einen weiteren Zyklus aus.

Die bekanntesten der ungefähr dreizehn berufenen Richter sind Debora, Gideon und Simson.

Debora (Richter 4–5)

Eigentlich hatte Gott in jener Zeit ein Mann namens Barak zum Richter berufen, der als Anführer jedoch sehr zurückhaltend war. Debora war eine Prophetin, die Barak sagte, was er tun solle, aber als Barak zögerte, ihre Ratschläge zu befolgen, übernahm Debora kurzerhand selbst die Führung. Neben Deborah und ihrer Führerschaft gab es aber noch eine weitere Frau, die dabei half, die Israeliten von ihren Unterdrückern zu befreien. Obwohl Debora und Barak die Feinde schon in die Flucht geschlagen hatten, war ihr Oberhaupt entkommen und versteckte sich im Zelt eines Freundes. Jaël, die Ehefrau dieses Freundes, versetzte den bösen Anführer in einen tiefen Schlaf und tötete ihn, indem sie ihm einen Zeltpflock durch die Schläfe schlug.

Gideon (Richter 6–8)

Es wäre wirklich übertrieben, Gideon als besonders tatkräftigen Führer zu bezeichnen. Als wir ihm zum ersten Mal begegnen, drischt er gerade in aller Eile Weizen in einer Weinpresse, weil er befürchtet, dass die Midianiter sich ohne Erlaubnis an seinem Getreide bedienen könnten. Und trotzdem erscheint plötzlich ein Engel und spricht: „Der Herr sei mit dir, starker Held."

Gideon tat alles, was Gott von ihm verlangte, auch wenn er offenbar wenig Selbstvertrauen besaß. Er war es, der Gott dazu aufforderte, ihm ein Zeichen zu geben, indem er ein wollenes Flies auf den Boden legte und verlangte, dass es am Morgen nass war und der Boden ringsherum trocken. Nachdem Gott ihm diesen Wunsch erfüllte hatte, forderte Gideon ihn dazu auf, nun genau das Gegenteil geschehen zu lassen. Am nächsten Morgen war der Boden feucht vom Tau, aber das Flies war trocken.

Gott wollte Gideon zeigen, wozu er, Gott, in der Lage war. Gideon hatte eine Armee von zweiunddreißigtausend Soldaten, aber Gott befahl ihm, alle nach Hause zu schicken, die sich fürchteten. Zwanzigtausend Mann kehrten auf der Stelle um. Dann reduzierte Gott die verbleibenden zehntausend Soldaten auf gerade mal dreihundert. Und dennoch gelang es den dreihundert Israeliten, die gesamte Armee der Medianiter mit Fackeln, Krügen und Posaunen anstelle von Schwertern zu besiegen, weil sie sich exakt an die Anweisungen Gottes hielten. Als Gott eine Panik unter den Medianiter auslöste, fingen sie an, sich untereinander zu bekämpfen, und schließlich ergriffen sie die Flucht. Dank Gideon lebten die Israeliten vierzig Jahre lang in Frieden.

Simson (Richter 13–16)

Simson war das genaue Gegenteil von Gideon. Gott hatte Simsons Eltern die Anweisung gegeben, ihn als Nasiräer zu erziehen. Dies bedeutete unter anderem, dass er keinen Wein zu trinken bekam, keine Speisen aus Weintrauben essen durfte und seine Haare nie geschnitten wurden (Numeri 6,1–21). Andere biblische Nasiräer waren Samuel (1 Samuel 1,11) und Johannes der Täufer (Lukas 1,15).

Gott hatte Simson außergewöhnliche körperliche Kraft verliehen, die Simson als selbstverständlich erachtete. Er hörte nie auf seine Eltern, ging wohin er wollte, geriet ständig in Streitereien und war ein schlechter Verlierer, wenn man ihn hereingelegt hatte. Trotzdem benutzte Gott Simson, um sich an den Philistern zu rächen, von denen die Israeliten zu jener Zeit unterdrückt wurden. Simson schlief mit ihren Frauen, tötete bei einer Auseinandersetzung eigenhändig eintausend ihrer Männer, riss kurzerhand ihre Stadttore aus und trug sie fort und entkam ihnen jedes Mal, wenn sie ihn in eine Falle locken wollten.

Deshalb beschlossen die Philister, Simsons Selbstsucht gegen ihn zu verwenden. Simson verliebte sich in eine Philisterin, Delila, die von ihren Leuten den Auftrag erhalten hatte, den Grund für seine Kraft in Erfahrung zu bringen. Eine Weile hielt Simson ihren Fragen stand, schließlich verriet er ihr aber, dass seine Kraft mit seinem langen Haar zusammenhing. Als er eines Tages von einem Nickerchen erwachte, war er gefesselt und kahlgeschoren – und er hatte seine Kraft verloren. Zum ersten Mal in seinem Leben war er völlig hilflos. Die Philister stachen ihm die Augen aus und zwangen ihn, für sie zu arbeiten. Sein Haar aber wuchs nach, von den Philistern unbemerkt, und seine Kraft kehrte zurück. Während einer großen religiösen Versammlung, bei der sich die Philister über Simson lustig machten, riss er die Hauptsäulen ihres Tempels nieder und tötete auf diese Weise Tausende von Philistern; er selbst kam mit ihnen ums Leben.

König Saul (1 Samuel 8–31)

Nach dem Zeitalter der Richter wählte Gott einen prophetischen Richter namens Samuel zum Anführer. Zu jener Zeit verlangten die Menschen aber nach einem König, weil sie „nämlich so sein wollten wie alle Völker" (1 Samuel 8,20). Das Mosaische Gesetz – das seit Mose weitergegeben worden war – hatte einen menschlichen König vorgesehen (Deuteronomium 17,14–20), obwohl ja eigentlich Gott der König der Israeliten sein sollte. Aber Gott befahl Samuel, dem Volk seinen Wunsch zu erfüllen.

Der erste König war Saul. Die Bibel beschreibt ihn als „jung und schön; keiner unter den Israeliten war schöner als er; er überragte alle um Haupteslänge" (1 Samuel 9,2). Die Philister waren immer noch in der Nähe und stellten eine ständige Bedrohung für Israel dar. Saul konnte anfangs ein paar militärische Siege verbuchen, ebenso wie sein mutiger Sohn Jonatan. Aber Sauls Glaube schien im Alter zu schwinden, und schließlich war er nicht mehr so gehorsam, wie er es hätte sein sollen. Deshalb begann Gott, einen anderen König „nach seinem Herzen" (1 Samuel 13,14) darauf vorzubereiten, Sauls Amt zu übernehmen.

Saul fragte sogar eine Totenbeschwörerin um Rat und beging kurze Zeit später Selbstmord, nachdem er in einem Kampf verwundet worden war.

David (1 Samuel 16–2 Samuel 24)

Gott hatte David als Ersatz für Saul ausgewählt, aber der Wechsel ging weder schnell noch unkompliziert vonstatten. Als erstes machte sich David einen Namen, indem er den Riesen Goliath erschlug und dann einige Kämpfe gegen die Philister gewann. Sauls Eifersucht wurde so groß, dass er wiederholt versuchte, David umzubringen. Aber David weigerte sich, sich gegen Saul zur Wehr zu setzen und ihn zu töten, obwohl er zweimal die perfekte Gelegenheit dazu hatte.

Nach Sauls Tod vereinte David die Stämme Israels und gründete Jerusalem als die Hauptstadt des vereinten Königreichs. David schien alles richtig zu machen, bis er später in seinem Leben Batseba beim Baden beobachtete, sie zu sich rufen ließ und mit ihr schlief. Als sie von ihm schwanger wurde, während ihr Mann bei einem Kampf war, ließ David es so einrichten, dass der Mann getötet wurde. Gott sandte einen Propheten, um David mit seiner Tat zu konfrontieren, und das Kind, das aus seiner Affäre hervorgegangen war, starb. Danach wurde Davids Leben nie wieder so, wie es einmal gewesen war. Einer seiner Söhne (Amnon) vergewaltigte seine Halbschwester, und ein anderer Sohn (Abschalom) tötete Amnon. Später versuchte Abschalom sogar, David die Macht über das Königreich zu entreißen. Er kam dabei ums Leben.

David aber bereute, was er getan hatte. Viele der Psalmen werden ihm zugeschrieben, und der Psalm 51 ist das offene und demütige Eingeständnis seiner Affäre mit Batseba. Später bekamen David und Batseba noch einen Sohn, Salomo, der zum nächsten König werden sollte.

Salomo (1 Könige 1–11)

David hatte das Königreich vereinigt und die Feinde Israels besiegt. Salomos Herrschaftszeit begann mit Frieden, und bald hatte er ein Zeitalter begründet, in dem es Israel besser ging als jemals zuvor in seiner Geschichte. Schon früh hatte Gott Salomo angeboten, ihm alles zu geben, was er sich wünschte. Weil Salomo sich nichts weiter als Weisheit erbat, um sein Volk zu führen, anstatt nach Reichtum und Ehre zu verlangen, gab Gott ihm Weisheit *und* Reichtum *und* Ehre.

Salomos außergewöhnliche Weisheit trat bald bei allem, was er tat, zutage – ganz gleich, ob er sich mit dem Rechtstreit zwischen zwei Prostituierten um das Sorgerecht für ein Kind befasste oder mit den Besuchen der Königin von Saba. Er schrieb Tausende von Sprichwörtern und Liedern. Aus aller Welt kamen die Menschen, nur um ihn zu hören. Und der Reichtum Israels erreichte einen

Punkt, an dem der König „das Silber in Jerusalem so häufig machte wie die Steine" (1 Könige 10,27). Unter Salomos Herrschaft dehnten sich die Grenzen Israels weiter aus als jemals zuvor – und jemals danach.

Salomos beachtlichste Leistung aber war der Bau des Tempels in Jerusalem. Der Tempel war ein prächtiges Gebäude, das zur Ehre Gottes errichtet worden war. Der Tempel hatte einen heiligen Bezirk, zu dem nur die Priester Zutritt hatten, und ein Allerheiligstes, in dem sich ausschließlich die Hohenpriester aufhalten durften – und das auch nur einmal im Jahr, um am Versöhnungstag für die Sünden des Volkes ein Opfer darzubringen.

Später in seinem Leben wandte sich Salomo jedoch dem Götzendienst zu. Er hatte siebenhundert Frauen geheiratet und hielt sich zusätzlich dreihundert Konkubinen. Weil er sich seinen Frauen und ihren Göttern hingab, war „sein Herz nicht mehr ungeteilt dem Herrn, seinem Gott ergeben wie das Herz seines Vaters David" (1 Könige 11,4). Aus diesem Grund beschloss Gott, das Königreich bald zu teilen. Israel war nie wieder dasselbe Land wie zuvor. Es war ein trauriges Ende, das dem vormals so außergewöhnlichen Leben dort beschieden war.

Andere interessante Geschichten aus diesem Teil der Bibel sind zum Beispiel:

Rut, Noomi und Boas sorgen für eine rührende Liebesgeschichte während dem Zeitalter der Richter (Das Buch Rut)

Samuel wird von Gott berufen (1 Samuel 3)

David besiegt Goliat (1 Samuel 17)

Die starken Freundschaftsbande zwischen David und Sauls Sohn Jonathan (1 Samuel 20)

David verschont Sauls Leben – zweimal! (1 Samuel 24, 26)

Saul sucht eine Totenbeschwörerin in En-Dor auf (1 Samuel 28)

Der Tod Absaloms (2 Samuel 18)

Salomo schlägt vor, ein Kind in zwei Hälften zu teilen (1 Könige 3, 16–28)

Die Königin von Saba besucht Salomo
(1 Könige 10,1–13)

Wir werden das Geschehen der Bibel in Kapitel 6 von diesem Punkt aus weiterverfolgen. Zuvor wollen wir uns aber mit einigen literarischen Meisterwerken aus jener Zeit befassen.

– 5 –

Die Weisheitsliteratur: Lieder, Geschichten, Redewendungen und Sex

Wir haben nun die Handlung der Bibel von der Schöpfung bis zur Vereinigung der zwölf Stämme zu einer wohlhabenden Nation verfolgt. Jetzt werden wir eine Pause einlegen, um rasch einen Blick auf einige ganz besondere Schriften der Bibel zu werfen.

Das Buch Ijob

Die Geschichte Ijobs ist ein ganz besonderes Buch unter den übrigen Büchern der Bibel. Während die anderen Weisheitsbücher Lieder, Sprüche und Äußerungen des jeweiligen Autors beinhalten, erzählt das Buch Ijob die eindrückliche Geschichte eines Mannes.

Ijob war der Inbegriff der Rechtschaffenheit – er war sogar so gut, dass Gott über ihn sagte, „es gibt niemand auf der Erde wie ihn". Aber Satan hatte Zweifel an dem, was Gott da behauptete. Er war der Meinung, dass Ijob *natürlich* kein Problem damit habe, „untadelig und rechtschaffen" zu leben, weil Gott ihn mit so viel Gutem gesegnet hatte. Er forderte Gott dazu auf, Ijob alles zu nehmen, was er besaß.

Eines Tages kam also eine Reihe von Boten zu Ijob nach Hause, und jeder von ihnen überbrachte ihm eine schreckliche Nachricht: Die Sabäer hatten all seine Rinder und Esel gestohlen. Seine Schafe und Knechte waren von einem Feuer getötet worden. Chaldäische Stoßtrupps hatten seine gesamte Kamelherde erbeutet. Und noch schlimmer, alle zehn Kinder von Ijob waren in einem plötzlichen Wüstensturm ums Leben gekommen.

Ijob war natürlich am Boden zerstört, aber dennoch „sündigte Ijob nicht und machte Gott keinen Vorwurf". Als Gott Satan darauf hinwies, spottete dieser und sagte, dass Ijob seine Haltung bestimmt aufgeben würde, wenn es ihm körperlich schlecht ginge. Ijob bekam also schmerzhafte Geschwüre am ganzen Körper. Er setzte sich mitten in einen

Aschehaufen und schabte sich selbst mit einer Tonscherbe. Seine Frau war ihm keine große Hilfe. Ihr Rat lautete: „Fluche Gott und stirb!" Ijob sah die Sache aber anders: „Wenn wir das Gute von Gott annehmen, warum nicht auch das Böse?" (Ijob 2,9–10).

All dies geschieht in den ersten beiden Kapiteln des Buches Ijob. Dann, in den nächsten über dreißig Kapiteln, bekommt Ijob Besuch von drei Freunden und Elihu, einem vierten; gemeinsam diskutieren sie über den Grund für Ijobs Leiden. Seine Freunde sind sich absolut sicher, dass Ijob etwas falsch gemacht haben muss, was dieser jedoch beharrlich abstreitet. Trotzdem kann er nicht verstehen (geschweige denn erklären), wie er in diese missliche Lage geraten ist.

Am Ende erscheint Gott und unterhält sich mit Ijob (genauer gesagt redet Gott und Ijob hört zu). Durch eine lange Reihe von Fragen zeigt ihm Gott, dass es vieles im irdischen Leben gibt, das Ijob nicht begreift. Ijob erkennt, dass Gott die Dinge lenkt und ist mit diesem Wissen vollauf zufrieden. Und Gott „vermehrte alles, was Ijob besessen hatte, auf das Doppelte" und schenkte ihm eine zweite Familie. Ijob starb im Alter von 140 Jahren, „alt und lebenssatt".

Das Buch der Psalmen

Die Psalmen sind eine Sammlung von Liedern, die von verschiedenen Autoren verfasst und für unterschiedliche Zwecke verwendet wurden. Die 150 Psalmen stellen das längste Buch der Bibel dar. Ungefähr die Hälfte davon werden David zugeschrieben, zwei Salomo, einer Mose, und einige von ihnen können verschiedenen anderen Autoren zugeordnet werden. Neunundvierzig Psalmen stammen von anonymen Verfassern.

Häufig liegt die Betonung der Psalmen auf dem Lob Gottes. Manche sind persönlich und bekennend. Andere wiederum waren für den öffentlichen Gebrauch bestimmt oder wurden bei Versammlungen von Gläubigen verwendet, so zum Beispiel die Psalmen 120 bis 134. Man vermutet, dass diese „Stufenlieder" beim Gottesdienst im Tempel und vielleicht auch von Reisenden benutzt wurden, die sich auf Pilgerfahrt „hinauf" nach Jerusalem befanden.

Der bekannteste unter den Psalmen ist wahrscheinlich Psalm 23 (siehe Seite 148). Der längste ist Psalm 119 mit 176 Versen. Der kürzeste ist Psalm 117 mit nur zwei Versen. Der Anfang von Psalm 22 wurde von Jesus am Kreuz zitiert und gehört zu den siebzehn speziell messianischen Psalmen.

Alle Psalmen – ganz gleich, ob sie Dank, Sorge, Enttäuschung oder Freude zum Ausdruck bringen – sind außergewöhnlich offene und ehrliche Worte an Gott. Viele von ihnen zeigen einen überraschenden Mut zur Aufrichtigkeit.

Sprichwörter

Eines der Schlüsselthemen der Sprichwörter ist die Weisheit. Es ist deshalb nicht verwunderlich, dass der Großteil des Buches Salomo zugeschrieben wird, auch wenn einige Sprüche von anderen weisen Menschen stammen.

Manche Teile des Buches bestehen aus essayartigen Schriften, die sich mit verschiedenen Themen befassen: Sie fordern dazu auf, nach Weisheit zu streben (Spr 1,8–4,27), ermahnen dazu, sich nicht des Ehebruchs schuldig zu machen oder wie ein Narr zu handeln (Spr 5–7), preisen die Vorzüge einer „tüchtigen Hausfrau" (Spr 31,10–31) und so weiter. Andere Passagen enthalten lange Listen von weisen Sprüchen, die thematisch nicht unbedingt miteinander verbunden sind.

Manche unserer geläufigen Redewendungen haben ihren Ursprung im Buch der Sprichwörter, wie zum Beispiel:

– „Wer seine Rute zurückhält, der hasst seinen Sohn, doch wer ihn liebt, der sucht ihn mit Züchtigung heim" (Spr 13,24)
– „Sanfte Antwort beschwichtigt Erregung, verletzendes Wort aber erregt Zorn" (Spr 15,1)
– „Dem Zusammenbruch geht Hoffart voraus, und Hochmut dem Fall" (Spr 16,18)
– „Weise den Knaben ein in den Weg, den er gehen soll, dann wird er auch im Alter nicht von ihm weichen" (Spr 22,6)

Andere Sprüche sind nicht ganz so leicht zu entschlüsseln, aber dennoch nicht weniger aussagekräftig, etwa:

– „Wer seinen Nächsten mit lauter Stimme früh am Morgen begrüßt, dem wird es als Fluch angerechnet" (Spr 27,14)

Das Buch der Sprichwörter ist ein Kapitel, das man einfach mal durchblättern kann, wenn man gerade etwas Zeit übrig hat. Sie werden ein kleines bisschen weiser sein, nachdem Sie es getan haben.

Das Buch Kohelet

„Windhauch, nur Windhauch, so spricht Kohelet; Windhauch, nur Windhauch. Alles ist Windhauch."
Und mit dieser heiteren Eröffnung beginnt das Buch Kohelet. Viele glauben, dass Salomo der Kohelet (Prediger) war. Wenn nicht, war es jemand, der über ähnlichen Reichtum, Einfluss und Scharfsinn verfügte.

Der Autor befand sich auf der Suche nach dem Sinn des Lebens. Er suchte ihn im Vergnügen, denn „was immer meine Augen begehrten, nichts davon versagte ich ihnen" (Kohelet 2,10). Und dennoch fand er keine Befriedigung. Er versuchte es mit harter Arbeit, nur um zu erkennen, dass er sterben würde, während ein anderer die Früchte seiner Arbeit erntete, ohne je etwas dafür getan zu haben (Kohelet 2,21). Er probierte verschiedene Dinge aus, nur um festzustellen, dass alles „Windhauch und Haschen nach Luft" war.

Am Ende beschließt er, dass es das Beste ist, „zu essen und zu trinken und es sich wohl sein zu lassen bei all der Mühe, die sich einer macht unter der Sonne" (Kohelet 5,17). Und welchen Schluss zieht er daraus? „Fürchte Gott und halte seine Gebote! Denn das ist die Pflicht jedes Menschen" (Kohelet 12,13). Die Erkenntnis, dass Gott immer gegenwärtig ist und für einen sorgt, kann dem Leben einen Sinn geben, wenn es sonst nichts gibt, das dies tut.

Das Hohelied

Vom oftmals düster und verwirrend wirkenden Buch Kohelet kommen wir zum Hohelied, das uns ein vollkommen anderes Bild bietet. Das Hohelied, das ebenfalls Salomo zugeschrieben wird, ist eine gewagte und manchmal sehr detailliert beschriebene Liebesgeschichte. Das Buch ist als Dialog zwischen einer Geliebten und ihrem Liebhaber angelegt, der zwischendurch immer wieder von den Freunden der beiden kommentiert wird.

Zu den eher bildhaften Passagen zählt diese Äußerung des Liebhabers: „Ja, dein Wuchs gleicht der Palme, und deine Brüste Trauben. Ich denke: Ich will die Palme ersteigen, will ihre Rispen ergreifen" (Hoheslied 7,7–8). (Manche Abschnitte der Bibel bedürfen nicht unbedingt eines Experten, um sie zu deuten.)

Die folgende Äußerung gegen Ende des Hohelieds spiegelt die Aussage des Buches in seiner Gesamtheit jedoch besser wider: „Ja, stark wie der Tod ist die Liebe, hart wie die Unterwelt die Leidenschaft. Ihre Brände sind Feuerbrände, Flammen des Herrn. Gewaltige Wasser können die Liebe nicht löschen; auch Ströme schwemmen sie nicht fort. Böte ein Mann seines Hauses ganzen Besitz für die Liebe, man würde ihn nur verachten" (Hoheslied 8,6–7).

Manche glauben, das Hohelied stehe symbolisch für die Beziehung zwischen Gott und seinem Volk (entweder Israel oder die Kirche). Vielleicht ist es wirklich so. Aber unabhängig davon ist das Lied ein zeitloses und meisterhaftes Werk der Liebe, Weisheit und Romantik.

Ein paar kurze Auszüge reichen ganz sicher nicht aus, um der wunderbaren Poesie und den Gefühlen, die in dieser biblischen Schrift zum Ausdruck kommen, gerecht zu werden. Aber da Sie eine *Espresso-Bibel* in der Hand halten, müssen wir nun zur Handlung des Alten Testaments zurückkehren – so schade es ist, das Hohelied hinter uns zu lassen.

– 6 –

Gespalten und Besiegt – Der Untergang der Nation und der Aufstieg der Propheten

Tja, wir haben nun den Höhepunkt des Alten Testaments erreicht, und von hier aus geht es ganz schön bergab. Wir begeben und auf eine lange und ausgedehnte Talfahrt, die tragische (wenn auch nicht ungeahnte) Folgen haben wird.

Ein geteiltes und zerrüttetes Königreich
(1 Könige 12–2 Könige 25)

Nachdem Salomo seine ganze Weisheit über Bord geworfen und Gott zugunsten seiner Ehefrauen den Rücken gekehrt hatte, dauerte es nicht lange, bis das Königreich zerfiel. Jerobeam, einer von Salomos Beamten, rebellierte und wurde bald zum König der zehn oder mehr Stämme, aus denen sich das nördliche Königreich (Israel) zusammensetzte.

Weil David ihm aber früher ein treuer Diener gewesen war, sorgte Gott dafür, dass ein Teil des Reiches im Besitz seiner Familie blieb. Salomos Sohn Rehabeam wurde König über den Stamm Juda und über einen Teil von Benjamins Gebiet (zusammen bekannt als Juda). Von diesem Zeitpunkt an war das Königreich geteilt, und in jedem der Teile regierten während der nächsten 200 bis 350 Jahre nacheinander ungefähr zwanzig Könige.

Die meisten Könige von Israel und Juda, die nach Saul, David und Salomo herrschten, waren unfähig und inkonsequent. Das Einzige, was wir über viele von ihnen zu hören bekommen, ist: „Er tat, was dem Herrn missfiel." Als Jerobeam zum Beispiel sah, welch große Faszination vom Tempel in Juda ausging, errichtete er gleich nach der Teilung des Königreiches einige goldene Kälber im nördlichen Teil, damit seine Leute nicht auf die Idee kamen, nach Jerusalem zu pilgern, um dort zu opfern. Das gottgegebene Mosaische Gesetz war rasch in Vergessenheit geraten.

Die Menschen in Juda waren aber nicht viel besser als die Einwohner Israels und schafften es kaum, auch nur ein Mindestmaß an spiritueller Integrität zu bewahren. Beide Königreiche wurden schwach und verletzlich. Die nördlichen Stämme wurden 722 v. Chr. erobert und nach Assyrien deportiert. Die Menschen in Juda hielten es fast eineinhalb Jahrhunderte länger aus, bevor sie 586 v. Chr. besiegt und nach Babylon verschleppt wurden. Aber die Belagerungen waren grausam: Priester wurden dahingeschlachtet und Mütter mussten ihre eigenen Kinder essen, um nicht zu verhungern (Klagelieder 2, 20, 4, 9–10).

Ahab und Isebel
(1 Könige 16, 29–22, 40, 2 Könige 9, 30–39)

Traurigerweise erinnert man sich meist nur an die schlechten Könige aus dieser Zeit der biblischen Geschichte und nur selten an die guten. Kaum einer entsinnt sich Joschafat (1 Könige 22, 41–50), Jotam (2 Könige 15, 32–38), Hiskija (2 Könige 18–20) oder Joschija (2 Könige 22, 1–23, 30), die den anderen nicht nacheiferten, sondern relativ rechtschaffen und gottesfürchtig waren.

Stattdessen erfahren wir mehr über Ahab und Isebel: „In der Tat gab es noch nie einen Menschen, der sich wie Ahab dazu hergab, zu tun, was dem Herrn missfiel, weil seine Frau Isebel ihn verführte" (1 Könige 22,25). Anstelle von Gott verehrten die beiden Baal und Aschera und machten dem Propheten Elija das Leben mehr als nur schwer. Als ein einfacher Mann namens Nabot sich weigerte, ihnen einen Weinberg zu verkaufen, auf den sie ein Auge geworfen hatten, legten sie ihn herein und ließen ihn für ein nicht begangenes Verbrechen steinigen.

Elija prophezeite, dass Ahab und Isebel für die Ermordung eines unschuldigen Mannes von Hunden zerfleischt werden würden, und seine Vorhersage wurde tatsächlich wahr.

Elija und Elischa (1 Könige 17–2 Könige 13,21)

Als die Könige Israels und Judas ihren Völkern nicht länger als spirituelle Führer dienten, setzte Gott Propheten ein, um die Menschen von seiner Existenz zu überzeugen. Elija und Elischa waren helle Lichter in der spirituellen Dunkelheit, die die

Reihe von schlechten Königen mit sich brachte. Gott sorgte für die beiden nicht nur auf ungewöhnliche Weise – zum Beispiel ließ er sie von Raben füttern (1 Könige 17,1–6) –, sondern verlieh ihnen auch die Macht, alle möglichen Arten von Wundern zu vollbringen: Sie ließen verloren gegangene Axtblätter auf der Wasseroberfläche schwimmen, riefen eine Feuersbrunst vom Himmel, heilten Lepra und erweckten sogar Tote wieder zum Leben. Nachdem Elija Gott viele Jahre ein treuer Diener gewesen war, fuhr er in einem Feuerwagen zum Himmel auf (2 Könige 2,1–18).

Viele Propheten werden in der Bibel namentlich genannt, davon sind Elija und Elischa zwei der bekannteren. Andere Propheten verfassten Bücher, in denen sie ihre Vorhersagen und die Dinge, die sich während ihrer Amtszeit ereigneten, festhielten. Die Verfasser der längeren Bücher sind als die großen Propheten bekannt (Jesaja, Jeremia, Ezechiel und Daniel), die der kürzeren werden als die kleinen Propheten bezeichnet.

Jesaja

Jesaja beschreibt eine wundervolle Vision, die ihm zuteil wurde, als Gott ihn zum Propheten berief (Jesaja 6). Seine Prophezeiungen beinhalteten sowohl Ereignisse in der nahen Zukunft (die Eroberung Israels durch die Assyrer und die Eroberung Judas durch die Babylonier) als auch längerfristige Vorhersagen über das Kommen eines Messias. Einige seiner bekannteren messianischen Prophezeiungen finden wir in Jesaja 7,14, 9,2–7, 11,1–9 und 53,1–12. Die Schriften Jesajas werden im Neuen Testament immer wieder zitiert.

Jeremia

Jeremia wird manchmal als „der weinende Prophet" bezeichnet. Seine Vorhersage, dass bald ein Gericht stattfinden würde, war nicht gerade beliebt. Mindestens einmal wurde die Schriftrolle, in der seine Prophezeiungen niedergeschrieben waren, verbrannt (Jeremia 36). Manchmal drohte man sogar, ihn zu ermorden, wenn er nicht aufhören würde, Prophezeiungen zu machen (Jeremia

11,18–23); einmal versuchte man sogar, ihn zu töten, indem man ihn in eine Zisterne voller Schlamm warf, aber er wurde daraus gerettet (Jeremia 38,1–13).

Und als ob sein Leben nicht schon traurig genug gewesen wäre, wird Jeremia oft auch als Verfasser der Klagelieder betrachtet – eine Reihe von fünf Klagen über den Untergang von Jerusalem. Trotz allem vertraute Jeremia immer auf Gott und hielt den Stürmen stand, die sein langes und Gott geweihtes Leben für ihn bereithielt.

Ezechiel

Wie Jesaja hatte auch Ezechiel eine wunderbare Vision von Gott in seinem himmlischen Reich und erhielt die unmissverständliche Aufforderung, als Prophet zu dienen (Ezechiel 1–2). Er war einer der Gefangenen, die nach Babylon verschleppt worden waren, und dort predigte er zu seinen Leuten. Ezechiel hatte viele Visionen. Eine der beeindruckendsten aber handelte von einem Tal, das mit ausgedorrten Gebeinen gefüllt war. Als Gottes

Atem in die Gebeine fuhr, waren sie plötzlich wieder mit Sehnen, Fleisch und Haut bedeckt. Die Vision war das Versprechen Gottes, sein Volk wieder zu stärken und zurück nach Israel zu führen – ganz gleich, wie hoffnungslos ihre Situation zu jener Zeit auch scheinen mochte (Ezechiel 37, 1–14).

Daniel

Auch Daniel geriet in Gefangenschaft. Gott hatte ihm die Fähigkeit gegeben, Träume zu deuten, wodurch er die Gunst der Könige Nebukadnezzar, Belschazzar von Babylon und Darius dem Meden erlangte. Die meisten Menschen kennen die Geschichte von Daniel in der Löwengrube (Daniel 6), die sich gegen Ende seines Lebens ereignete. Außerdem deutete er Nebukadnezzars Traum von einem gewaltigen Standbild, das von einem Stein zerstört wurde, der sich „ohne menschliches Zutun von einem Berg löste". Später deutete er geheimnisvolle Inschriften auf einer Wand (Daniel 5). Im Buch Daniel erfahren wir auch von der Feuerprobe, die seine drei Freunde Schadrach, Meschach und Abed-Nego in einem glühenden Ofen über sich ergehen lassen mussten (Daniel 3). Die zweite Hälfte des Buches (Daniel 7–12) beinhaltet Prophezeiungen, die von vielen Menschen zur Deutung der Offenbarung und zur Erklärung der Dinge, die sich in der erwarteten Endzeit zutragen sollen, herangezogen werden.

Die kleinen Propheten

Die kleinen Propheten sind Hosea, Joël, Amos, Obadja, Jona, Micha, Nahum, Habakuk, Zefanja, Haggai, Sacharja und Maleachi. Der bekannteste dieser zwölf Männer ist Jona, der auf wundersame Weise drei Tage im Bauch eines großen Fisches überlebt haben soll. Auch Hoseas Leben ist interessant, weil er eine untreue Frau heiratete, die ihn später verließ und Kinder mit anderen Männern zeugte. Dennoch ließ er sie zu sich zurückkehren, um Gottes unerschütterliche Liebe zu seinem Volk zu demonstrieren. Micha sagt uns, wo der Messias geboren werden soll (Micha 5, 2). Und auch die anderen kleinen Propheten treffen wertvolle Vorhersagen für ihre eigene Zeit wie auch über die Zukunft.

Die Schriften der Propheten gehören wahrscheinlich zu den Büchern der Bibel, die am seltensten gelesenen werden. Trotzdem sollte ihr Beitrag zum Leben ihres Volkes und zur Bibel als Gesamtwerk nie unterschätzt werden. Auch wenn sie den Menschen unserer Zeit kaum noch bekannt sind, zeugen sie doch alle von Gottes Gnade und Barmherzigkeit selbst in den schlimmsten Zeiten.

– 7 –
Zurück nach Hause: Die Rückkehr nach Israel

Die Bibel berichtet kaum etwas über die Menschen, die nach ihrer Verbannung nach Assyrien gebracht worden waren, auch wenn die spirituellen Ursachen ihrer Verschleppung genau aufgelistet werden (2 Könige 17). Wir erfahren, dass der Anführer der Assyrer sie fortbrachte und durch Menschen aus den arabischen Ländern ersetzte. Über die Judäer, die nach Babylon gebracht worden waren, erfahren wir bedeutend mehr.

Wenn Sie zufälligerweise ab und zu einen Blick in eine Bibel geworfen haben, während Sie dieses Buch lesen, wird Ihnen aufgefallen sein, dass wir ein paar Kapitel übersprungen haben. Auf die Chroniken 1 und 2 wurde kein Bezug genommen, weil sie hauptsächlich das enthalten, was auch in den Büchern Samuel und Könige steht. Die Bücher Esra, Nehemia und Ester haben wir uns aber für jetzt aufgespart. Chronologisch betrachtet spielen sich die in diesen Büchern beschriebenen Ereignisse während und nach der Zeit ab, in der das Volk der Judäer in Gefangenschaft war – sie gehören also zu den letzten Ereignissen, von denen im Alten Testament berichtet wird.

Ester

Ladies first: Werfen wir einen Blick auf Ester. Ihre Geschichte trägt sich während der Verbannung zu, die anderen Geschichten ereignen sich ein wenig später.

Die Babylonier hatten Juda erobert, wurden aber kurz darauf von den Medern und Persern besiegt. Ein Herrscher namens Artaxerxes kam an die Macht. Eines Tages weigerte sich seine Frau, ihm zu gehorchen, deshalb verbannte er sie und fing an, nach einer neuen Königin zu suchen.

Ester hatte einen Verwandten namens Mordechai. Auf seinen Rat hin versuchte sie, zur neuen Königin zu werden, und tatsächlich wurde sie aus einer Vielzahl von hoffungsvollen Mitbewerberinnen ausgewählt. Artarxerxes wusste jedoch nicht, dass Ester Jüdin war.

Wie sich herausstellte, plante einer von Artarxerxes hohen Beamten, Haman, alle Juden zu vernichten. Ester bekam Wind von seinem Vorhaben und begab sich unter Lebensgefahr zum König, obwohl er sie nicht zu sich gerufen hatte. Sie fragte, ob sie ein großes Festmahl geben dürfe – ein Wunsch, den der König ihr gerne erfüllte. An dem Abend, da Haman um Erlaubnis für die Vernichtung der Juden bitten wollte, gab Ester ihre Herkunft preis und sprach zu Artarxerxes: „Wir wurden verkauft, ich und mein Volk, zur Vernichtung und Ausrottung" (Ester 7,4). Artarxerxes wurde sehr wütend und ließ Haman noch in derselben Nacht erhängen. Mit dem Purimfest gedenken die Juden dieses Ereignisses. Obwohl der Name Gottes im Buch Ester kein einziges Mal genannt wird, zeigen die vielen „Zufälle" und ironischen Wendungen, dass er trotzdem da war und Ester beschützte.

Esra

Der Prophet Jeremia hatte vorhergesagt, dass die Gefangenschaft der Israeliten in Babylon nur siebzig Jahre dauern würde (Jeremia 25,11–12, 29,10–14). Nachdem Persien Babylon besiegt hatte, plante der persische König Kyrus, die jüdischen Gefangenen in ihre Heimat zurückkehren zu lassen. Und tatsächlich ließ Kyrus jeden, der wollte, gehen und gab ihnen sogar viele der Einrichtungsgegenstände zurück, die aus ihrem Tempel entwendet worden waren.

Das Problem war, dass man den Tempel zerstört hatte. Also gehörte es zu den ersten Aufgaben der zurückkehrenden Israeliten, den Tempel wieder aufzubauen. Unter den ersten Heimkehrern war ein Mann namens Serubbabel, den man zum Statthalter ernannt hatte. Er und seine Leute stießen auf heftigen Widerstand vonseiten der Menschen, die sich in der Gegend niedergelassen hatten, aber sie ließen sich nicht einschüchtern und bauten den Tempel wieder auf. Esra war ein Priester, der mit einer späteren Gruppe von Verbannten zurückkehrte, um bei der Erfüllung dieser Aufgabe zu helfen. Nachdem der Tempel wieder aufgebaut war, wurde er mit einem fröhlichen Fest eingeweiht (Esra 6,16–22).

Esra kam jedoch zu Ohren, dass viele Männer, darunter auch eine Anzahl von Priestern, nichtgläubige Frauen geheiratet hatten. Esra rief zu einer Zeit der Bekenntnis und Buße auf. Dabei stellte sich heraus, dass es über hundert Männer waren, die fremde Frauen geheiratet hatten. Diese Männer willigten ein, sich von ihren Frauen zu trennen und sie zusammen mit ihren Kindern fortzuschicken.

Nehemia

Mit einer weiteren Karawane kehrte Nehemia in sein Heimatland zurück. Er und seine Begleiter machten sich daran, die Mauern um Jerusalem wieder zu errichten. Auch sie wurden von einer Reihe von Unruhestiftern konfrontiert, die versuchten, sie von ihrem Vorhaben abzuhalten, und sogar soweit gingen, Nehemia nach dem Leben zu trachten. Nehemia war sowohl gottesfürchtig als auch praktisch veranlagt, deshalb „beteten wir zu unserem Gott und stellten Tag und Nacht eine Wache gegen sie auf zum Schutz für die Stadt" (Nehemia 4,9).

Nachdem die Stadtmauern wieder aufgebaut waren, berief Nehemia eine Versammlung ein und las den Menschen aus dem Mosaischen Gesetz vor, und „die Aufmerksamkeit des ganzen Volkes war auf das Gesetzbuch gerichtet" (Nehemia 8,3). Als ihnen bewusst wurde, wie lange sie Gottes Gesetz missachtet hatten, fingen die Menschen an zu weinen. Aber Esra und Nehemia sagten ihnen, sie sollten essen und fröhlich sein, da dies ein Festtag sei. Also feierten sie und beteten über eine Woche lang zu Gott. Es war das größte Fest, das seit den Tagen Josuas gefeiert wurde, und „es herrschte eine sehr große Freude" (Nehemia 8,17–18).

Zwischen den Testamenten

Am Ende des Alten Testaments dürfen die Juden wieder in ihre Heimat zurückkehren, auch wenn sie immer noch unter persischer Herrschaft stehen. Ungefähr vier Jahrhunderte vergehen zwischen dem Ende des Alten Testaments und dem Anfang des Neuen Testaments. Während dieser Zeit werden die Perser von den Griechen besiegt, kurz nachdem die Perser Babylon erobert haben. Die Griechen hatten vor, die Welt zu hellenisieren, indem sie sämtliche Teile der Erde durch die griechische Sprache und ihre Bräuche vereinigten.

Ein besonders eigensinniger König namens Antiochus IV. Epiphanes machte es sich zu seiner persönlichen Aufgabe, sämtliche Schriften der Juden zu vernichten und ihre Bräuche zu verbieten. Damit ging er aber entschieden zu weit. Eine jüdische Familie setzte sich gegen ihn zur Wehr, und andere folgten ihrem Beispiel. Der Älteste dieser Familie hieß Mattathias, er hatte fünf Söhne. Der älteste Sohn, Judas (Makkabäus), gab dem makkabäischen Aufstand, der von 166 v. Chr. bis 142 v. Chr. dauerte, seinen Namen. Das jüdische Volk trug den Sieg davon und erhielt seine Unabhängigkeit zurück.

Aber bald schon übernahm das Römische Reich die Macht. Nach einer langen Zeit der Belagerung eroberten die Römer 63 v. Chr. Jerusalem, töteten viele Priester und schändeten das Allerheiligste im Tempel. Deshalb hegen viele Menschen am Anfang des Neuen Testaments immer noch eine große Abneigung gegenüber Rom. Behalten Sie dies im Hinterkopf, wenn wir nun unsere Reise durch die Bibel fortsetzen.

– 8 –
Jesus: Seine Menschlichkeit

Im Alten Testament – besonders während der schlechten Zeiten – wurde den Menschen immer wieder gesagt, dass ein Messias kommen würde. Jahrundertelang hoffte und wartete das Volk Gottes auf einen Retter. Jetzt, da sie von Rom unterdrückt wurden, erinnerten sich bestimmt einige von ihnen an die vielen Versprechen, dass Gott jemanden zu Hilfe schicken würde.

Im Laufe der biblischen Geschichte deutet vieles auf das Leben, den Tod und die Auferstehung Jesu hin. Viele der vorangegangenen Ereignisse und Prophezeiungen lassen vorherahnen, was geschehen wird, und was danach kommt, weist zurück auf die große Bedeutung von Jesus, dem Messias, dem Christus („der Gesalbte").

Die Geburt Jesu (Matthäus 1–2, Lukas 1–2)

Als wir Jesus zum ersten Mal in der Bibel begegnen, sieht er nicht gerade so aus, wie man sich den Retter der Welt vorstellt. Gott hatte sich dazu entschieden, ihn als Baby auf die Erde zu schicken, das leben und wachsen sollte wie alle anderen Menschen auch.

Ein junges Mädchen namens Maria wurde dazu auserwählt, Jesus auf die Welt zu bringen. Der Engel Gabriel besuchte Maria, um ihr zu erklären, was vor sich ging. Sie war ganz schön verwirrt, da sie noch Jungfrau war. Aber Gabriel versicherte ihr, „für Gott ist nichts unmöglich" (Lukas 1,37). Auch zu Josef musste ein Engel kommen. Als er herausfand, dass Maria schwanger war, wollte er sie nämlich heimlich verlassen. (Zwar waren Maria und Josef zu diesem Zeitpunkt nur verlobt, doch waren Verlobungen damals viel verbindlicher als sie es heutzutage sind.) Sowohl Maria als auch Josef taten, was ihnen befohlen worden war.

Für viele unserer Weihnachtstraditionen liefert die Bibel keine Grundlage. Lukas berichtet, dass sich Maria und Josef wegen der römischen Volkszählung auf den Weg von Nazareth nach Bethlehem machten. (Sicherlich waren sie froh, aus der Stadt herauszukommen und dem Gerede der Leute während der letzten Phase von Marias Schwangerschaft zu entgehen.) Und Matthäus berichtet, dass Maria und Josef Jesus nach seiner Geburt in eine Krippe legten. Wir wissen aber nicht, ob sie sich in einem Stall befanden, genau so gut hätten sie auch in einer Höhle sein können. (Alles, was wir wissen, ist, dass die Herberge ausgebucht war.) Wir wissen, dass Jesus von Hirten und Magiern aus dem Osten besucht wurde. Aber als die weisen Männer zu Jesus kamen, befand er sich in einem Haus. Es ist also eher unwahrscheinlich, dass sie gemeinsam mit den Hirten um die Krippe herum knieten. Es wird nicht gesagt, wie viele weise Männer kamen, wir erfahren lediglich, dass sie dem Kind drei Geschenke brachten.

Aber trotzdem scheint Gott bestimmte Teile der Welt eindeutig darauf aufmerksam gemacht zu haben, dass etwas Weltbewegendes vor sich ging. Eine Heerschar von Engeln erschien am Himmel, um den Hirten den Weg zur Krippe zu zeigen. Ein Stern wies den Magiern den Weg. Und als seine Eltern Jesus in den Tempel brachten, um ihn Gott vorzustellen, kamen zwei Leute unabhängig voneinander zu ihnen und prophezeiten, was das Kind einmal vollbringen würde (Lukas 2, 25–38).

Die Bibel sagt wenig über die Kindheit Jesu, aber die spärlichen Hinweise, die es gibt, deuten alle darauf hin, dass er ein ganz außergewöhnlicher Mensch war. Schon im Alter von zwölf Jahren zog er die Aufmerksamkeit sämtlicher Lehrer im Tempel auf sich und versetzte jeden, der ihm zuhörte, in großes Erstaunen (Lukas 2, 41–52).

Die Taufe und Versuchung Jesu
(Matthäus 3, 1–4, 11)

Der Prophet Maleachi hatte den Menschen gesagt, sie sollten nach dem Propheten Elija Ausschau halten, der in Erscheinung treten würde, „bevor der Tag des Herrn kommt, der große und furchtbare" (Maleachi 3, 23). Jesaja hatte prophezeit, dass eine Stimme in der Wüste rufen würde, „Bahnt eine

Straße für den Herrn" (Jesaja 40,3). Später identifizierte Jesus diesen „Elija" als Johannes den Täufer (Matthäus 11,11–15), der Jesus den Weg bereitete, indem er die Menschen bei seiner Predigt in der Wüste zur Buße aufrief und ihnen sagte: „Das Himmelreich ist nahe" (Matthäus 3,1–2).

Das nächste Mal treffen wir Jesus im Alter von dreißig Jahren wieder, als er zu Johannes kam, um sich taufen zu lassen. Zuerst zögerte Johannes, aber dann erfüllte er Jesus seinen Wunsch. Als Jesus aus dem Wasser stieg, schwebte der Geist Gottes wie eine Taube herab, und eine Stimme sprach vom Himmel, „Dies ist mein geliebter Sohn, an dem ich Gefallen gefunden habe" (Matthäus 3,16–17).

Dann wurde Jesus vom Geist in die Wüste geführt, wo er vierzig Tage lang versucht wurde. Dreimal wollte ihn der Teufel dazu überreden, etwas Falsches und Egoistisches zu tun, aber jedes Mal wurde er von Jesus mit einem passenden Zitat aus dem Alten Testament zurückgewiesen.

Die Beziehungen Jesu zu anderen Menschen

Jesu unkonventionelle, aber eindrückliche Art zu lehren zog bald schon viele Anhänger an. Er verbrachte eine Nacht im Gebet mit Gott (Lukas 6,12–16) und wählte dann zwölf seiner Anhänger als Apostel (von Jesus direkt berufene Jünger) aus. Unter den Zwölfen waren auch ehemalige Schüler von Johannes dem Täufer. Dann fing Jesus an, die Botschaft von Johannes zu wiederholen: „Kehrt um! Denn das Himmelreich ist nahe" (Matthäus 4,17).

Die zwölf Apostel waren Simon (den Jesus Petrus nannte), Andreas, Jakobus, Johannes, Philippus, Bartholomäus, Matthäus (Levi), Thomas, Jakobus (der Sohn des Alphäus), Simon Kananäus, Thaddäus (der auch als Judas, Sohn des Jakobus, identifiziert wurde) und Judas Iskariot.

Im Laufe seiner dreijährigen Zeit als Prediger wurden diese Männer zu seinen engsten Freunden. Besonders verbunden war er mit Petrus, Jakobus und Johannes, die ihm Gesellschaft leisteten, wenn die anderen nicht da waren – wie zum Beispiel bei seiner Verklärung (mehr davon in Kapitel 10) oder im Garten Getsemani, kurz bevor er verhaftet wurde.

Was die Bibel über die zwischenmenschlichen Beziehungen Jesu preisgibt, überrascht immer wieder aufs Neue. Für gewöhnlich stand er im Konflikt mit den religiösen Führern seiner Zeit (besonders mit den Pharisäern und Sadduzäern). Als ihn aber ein Pharisäer namens Nikodemus besuchte, führten die beiden ein faszinierendes Gespräch (Johannes 3).

Zachäus, ein verachteter Steuereintreiber, änderte sein betrügerisches Verhalten, nachdem er nur ein einziges Mal mit Jesus zu Tisch gesessen hatte (Lukas 19,1–10).

Jesus hatte großen Respekt vor Frauen. Einige folgten ihm auf seinen Reisen, und Maria und Marta gehörten zu seinem engsten Freundeskreis. Die Samariterin, die er an einem Brunnen traf (Johannes 4), war überrascht, dass überhaupt ein Mann bereit war mit ihr zu sprechen, und seine Unterhaltung mit ihr rief einen spirituellen Aufschwung in ihrem gesamten Dorf hervor. Eine Ehebrecherin, die man auf frischer Tat ertappt hatte, wurde zu ihm gebracht, damit er über sie richtete. Jesus aber weigerte sich, sie zu verurteilen, und forderte sie stattdessen auf, „Geh und sündige von jetzt an nicht mehr" (Johannes 8, 1–11).

Auch kleinen Kindern schenkte Jesus seine Aufmerksamkeit und sein Mitgefühl. Die Jünger versuchten, die Kinder von Jesus fernzuhalten, er aber tadelte die Erwachsenen und sprach, „Für solche (wie sie) ist das Himmelreich" (Matthäus 19, 13–14). Den selbsternannten „Experten" brachte Jesus wenig Respekt entgegen, aber die, die ihm wie Kinder vertrauten, waren ihm jederzeit willkommen.

Die Gefühlswelt Jesu

Die Menschlichkeit Jesu spiegelte sich auch in den vielfältigen Gefühlen wider, die er empfand. Er weinte, als sein Freund Lazarus starb (Johannes 11, 35). Er wurde wütend und traurig, wenn Menschen religiöse Gesetze benutzten, um ihn in eine Falle zu locken und dabei gegen die Menschlichkeit handelten (Markus 3,1–6). Mindestens einmal war er so verärgert, dass er einen richtigen Wutanfall bekam. Er machte sich eine Peitsche und jagte Tiere und Geldwechsler aus dem Tempel (Johannes 2,13–16). Die meiste Zeit aber schien er das Leben zu genießen und seine Mitmenschen zu schätzen. Viele Male werden wir Zeuge, wie er einzelnen Personen oder ganzen Gruppen sein Mitgefühl zuteil werden lässt. Und anscheinend feierte er so viele Feste mit „Sündern", dass er von den religiösen Oberhäuptern beschuldigt wurde, ein „Schlemmer und Trinker" zu sein (Matthäus 11,18–19).

Dass Jesus als Mensch geboren wurde, erfüllte laut Bibel verschiedene Zwecke. Weil er all unsere Schwächen und Versuchungen selbst kannte, war er in der Lage, uns als „Hohepriester" zu dienen und uns Zugang zu Gott verschaffen (Hebräer 4,14–16). Er versteht unseren Schmerz (wie auch das Endergebnis), wenn wir leiden (Philipper 3,7–10). Aber das wichtigste ist, dass wir erkennen, wie Gott ist, wenn wir Jesus sehen. Gott ist nicht bloß eine Ansammlung von Regeln und Gesetzen. Er ist niemand, der nur über uns richtet und aus Rachsucht Donnerkeile um sich schleudert. Die Liebe und das Mitgefühl, das Jesus den Menschen entgegenbrachte, spiegelt Gottes Gefühle für uns Menschen wider.

Weil Jesus ein Mensch war, hat jeder, „der mich gesehen hat, den Vater gesehen" (Johannes 14,9).

– 9 –
Jesus: Seine Lehre

Es gibt viele unterschiedliche Meinungen über Jesus: ob er Gott war oder nicht, ob er wirklich gestorben und von den Toten auferstanden ist oder nicht und in welchem Maß er anderen Propheten und religiösen Führern überlegen war. Die meisten Menschen sind sich jedoch einig, dass er ein außergewöhnlicher Lehrer war. Werfen wir also einen kurzen Blick auf einige der Dinge, die er gelehrt hat.

Die Bergpredigt (Matthäus 5–7)

Die Bergpredigt Jesu führt eine Lebensauffassung vor Augen, die sich auf faszinierende Weise von allen anderen unterscheidet. Jesus versichert uns: „Denkt nicht, ich sei gekommen, um das Gesetz oder die Propheten aufzuheben. Ich bin nicht gekommen, um aufzuheben, sondern um zu erfüllen"

(Matthäus 5,17). Dennoch waren seine Auslegung der Heiligen Schrift und die Forderungen, die er an die Menschen stellte, anders als alles, was sie je zuvor gehört hatten.

Jesus beginnt mit den Seligpreisungen – Verheißungen über die Glückseligkeit (siehe Seite 149). Selig sind für ihn die Armen im Geiste; die Trauernden; die Sanftmütigen; die Barmherzigen; die, die ein reines Herz haben; die Friedensstifter; die, die hungern und dürsten nach Gerechtigkeit; die, die verfolgt werden um der Gerechtigkeit willen (Matthäus 5,3–10). Wer an Gott glaubt, so sagt er, ist das Salz der Erde und das Licht der Welt, und jeder Gläubige sollte seinen Mitmenschen als Vorbild dienen.

Jesus lehrte, dass Mord mit Zorn beginnt und Ehebruch mit Begierde. Und er forderte seine Zuhörer dazu auf, vom Feindeshass Abstand zu nehmen und ihre Widersacher stattdessen zu lieben.

In der Bergpredigt finden wir auch das Vaterunser (Matthäus 6,9–13). Außerdem sagt Jesus, dass unser Glaube jegliche Sorge zunichte machen sollte und es besser sei, „Schätze" im Himmel anzusammeln als nach irdischem Besitz zu streben.

Jesus weist uns an, nicht über andere zu richten, warnt aber gleichzeitig vor falschen Propheten, die „in Schafskleidern zu euch kommen, inwendig aber reisende Wölfe sind" (Matthäus 7,15). Und er sagt, dass sich die Weisen unter uns seine Worte zu Herzen nehmen und wie Menschen handeln, die ihr Haus (Leben) auf Fels bauen und nicht auf Sand.

Die Gleichnisse Jesu

Obwohl sich Jesus in seiner Bergpredigt ganz klar ausdrückte und sie für seine Zuhörer einfach zu verstehen war (wenn nicht sogar verständlich genug, um sie auf ihr eigenes Leben anzuwenden), benutzte er zusätzlich Gleichnisse, wenn er lehrte. Die Gleichnisse waren einfache Geschichten, die eine wichtige religiöse Bedeutung für diejenigen hatten, deren Glaube groß genug war um sie zu entschlüsseln (Markus 4,10–12, 33–34).

Die Gleichnisse Jesu beschäftigen sich mit Dingen, die im 1. Jahrhundert zum Alltag in Israel gehörten, wie zum Beispiel Samen, Fischernetze, Schafe und Feigenbäume. Am beliebtesten scheinen jene Gleichnisse zu sein, die sich mit Beziehungen befassen. Zwei der bekanntesten davon sind die Geschichten vom verlorenen Sohn (Lukas 15,11–32) und vom barmherzigen Samariter (Lukas 15,30–37). Selbst in der Form von Gleichnissen ist es kaum möglich, die Hauptanliegen dieser Geschichten misszuverstehen: Gott als mitfühlenden, vergebenden Vater zu begreifen und ein besseres Verhältnis gegenüber unseren Mitmenschen zu entwickeln. Beide Gleichnisse betonen, was nach Jesus das höchste aller Gebote ist: Liebe Gott von ganzem Herzen und deinen Nächsten wie dich selbst (Matthäus 22,34–40).

Jesus im Konflikt mit den religiösen Obrigkeiten

Manchmal konnte Jesus ausgesprochen provokativ sein, und viele seiner Lehren waren äußerst radikal.

Er forderte seine Jünger dazu auf, ihr Leben voll und ganz in seinen Dienst zu stellen und ihre Familien und alles andere für ihn aufzugeben (Lukas 9,57–62). Wer ihm nachfolgt, so sagte er ganz deutlich, müsse bereit sein, „ein Kreuz auf sich zu nehmen" (Matthäus 10,37–39), und damit rechnen, dass Leiden und Tod ihn erwarten (Matthäus 10,17–20, 28). Zuweilen wirkten seine unverblümten und kompromisslosen Lehren so abschreckend, dass sich viele seiner potentiellen Jünger von ihm abkehrten.

Seine vielleicht radikalsten Äußerungen waren aber den religiösen Oberhäuptern vorbehalten, die sich auf ständigem Konfrontationskurs mit ihm befanden. Wenn Jesus am Sabbat einen Kranken heilte, maßen sie der Tatsache, dass ein Mensch von seinen Schmerzen erlöst wurde, keine Bedeutung bei, sondern beschuldigten Jesus, am Sabbat zu „arbeiten". Wieder und wieder führten sie Situationen herbei, mit denen sie ihn in eine Falle locken wollten. Aber jedes Mal erkannte Jesus den Hinterhalt und wies sie in ihre Schranken.

Es war nun soweit gekommen, dass das Gesetz, so wie es von den religiösen Führern interpretiert und angewandt wurde, nicht mehr war als eine lange Liste von Gesetzen und Regeln. Der Aspekt, eine Beziehung zu Gott aufzubauen, war soweit in den Hintergrund getreten, dass er eigentlich gar nicht mehr existierte. Einmal führte Jesus den Pharisäern mit einer langen Reihe von „Wehrufen" ihre Vergehen vor Augen und bezeichnete sie dabei als blinde Führer, Heuchler, Schlangen und Natternbrut (Matthäus 23). Wann immer Jesus einen der Oberhäupter dabei beobachtete, wie er jemanden zur Sünde verleitete oder das Wort Gottes so hindrehte, dass es ihm zum Vorteil gereichte, stellte er ihn zur Rede. Einmal rief er ein kleines Kind herbei und sagte, „Wer einen von diesen Kleinen, die an mich glauben, zur Sünde verführt, für den wäre es besser, wenn ihm ein Mühlstein um den Hals gehängt und er in die Tiefe des Meeres versenkt würde" (Matthäus 18,1–6).

Manche Menschen beschäftigen sich vornehmlich mit den radikalen und schwer verständlichen Äußerungen Jesu und gewinnen deshalb ein ungenaues und vielleicht sogar verfälschtes Bild von ihm. Betrachtet man die Lehre Jesu aber als Ganzes, so ist sie eine faszinierende Sammlung von Predigten, die den Zuhörer zu einem bewussteren Leben auffordern und ihm zeigen, dass es sich lohnt, sein Leben in den Dienst Gottes zu stellen.

– 10 –
Jesus: Seine Göttlichkeit

Wenn Jesus in den drei Jahren, in denen er in der Öffentlichkeit wirkte, nicht mehr getan hätte, als zu predigen und den Menschen Geschichten zu erzählen, wäre er wahrscheinlich trotzdem zu einer der bekanntesten Personen der Geschichte geworden. Seine Lebensauffassung, sein grenzenloses Mitgefühl für die Verlierer der Gesellschaft und seine gewaltfreien und dennoch schonungslosen Angriffe gegen selbstgefällige und irregeleitete religiöse Führer hätten ausgereicht, um ihm einen Platz in den Geschichtsbüchern zu sichern. Aber die Bibel berichtet von vielen anderen Dingen, die er getan hat – Dinge, die zeigen, dass er mehr war als nur ein etwas eigenartiger und weithin bekannter Mensch.

Die Wunder Jesu

Die Macht Gottes äußerte sich in den Wundern, die Jesus vollbrachte. Nichts schien für ihn unmöglich zu sein. Sein erstes Wunder wirkte er bei einer Hochzeit, als er Wasser in Wein – den besten Wein – verwandelte (Johannes 2,1–11). Er heilte alle erdenklichen Krankheiten: Blindheit, Taubheit, Blut- und andere innerlichen Krankheiten, Lepra, verdorrte Hände, Lahmheit und viele mehr. Er erlöste Menschen, die von Dämonen besessen waren, von ihrem Leiden.

Er konnte heilen, indem er einen Menschen berührte. Er konnte heilen, indem er in den Dreck spuckte und einen Teig aus Matsch machte (Johannes 9,1–7). Manchmal musste er gar nicht in direkten Kontakt mit der Person treten, die er heilte, wie es bei dem gelähmten Knecht eines römischen Zenturio der Fall war. Der Knecht litt schreckliche Qualen und Jesus wollte zu ihm gehen, um ihn zu heilen. Doch der Zenturio bat ihn: „Sprich nur ein Wort, so ist mein Knecht geheilt." Jesus war vom Vertrauen des Mannes so beeindruckt, dass er ihm seinen Wunsch gerne erfüllte. Der Knecht wurde geheilt, obwohl er gar nicht anwesend war (Matthäus 8,5–13). Ein anderes Mal trat eine Frau, die seit zwölf Jahren krank war, von hinten an Jesus heran, als er an ihr vorüber ging, und berührte den Saum seines Mantels. Sie glaubte, dass sie auf diese Weise endlich geheilt werden würde. Und tatsächlich wurde sie gesund. Jesus aber bemerkte, was geschehen war und blieb stehen, um sie für ihr Vertrauen zu loben (Lukas 8,43–48).

Mit einem knappen Befehl konnte Jesus einen gewaltigen Sturm zum Stillstand bringen (Markus 4,35–41). Er konnte übers Wasser gehen, und einmal forderte er sogar einen seiner Jünger dazu auf, es ihm gleichzutun (Matthäus 14,22–33). Mindestens zweimal speiste er Tausende von Menschen mit einer Menge von Essen, die normalerweise gerade mal einen oder zwei satt gemacht hätte (Matthäus 14,13–21, 15,29–38). Nichts schien außerhalb seiner Macht zu stehen. Weder Krankheit, noch Naturgewalten, noch die spirituelle Welt. Und noch nicht einmal der Tod.

Die Bibel berichtet von drei Fällen, in denen Tote auf Befehl von Jesus wieder zum Leben erwachten. Zwei davon werden fast kommentarlos beschrieben: einmal erweckte er den Sohn einer Witwe in der Stadt Naïn (Lukas 7,11–17) und ein anderes Mal die Tochter von Jaïrus (Lukas 8,41–42, 49–56). Die dritte Auferstehung ist etwas ausführlicher kommentiert. Jesus wurde zu Lazarus gerufen, der sterbenskrank war. Aber anstatt zu seinem Freund zu eilen, wartete er einige Zeit. Als Jesus bei Lazarus eintraf, war dieser bereits seit vier Tagen tot. Kaum hatte Jesus Lazarus aber befohlen, aus seinem Grab aufzustehen, „kam der Tote heraus, Füße und Hände mit Binden umwickelt, und sein Gesicht war mit einem Schweißtuch verhüllt" (Johannes 11,44).

Die kühnen Behauptungen Jesu

Die Macht Gottes äußerte sich in der Macht Jesu, und einige Male wurde dies von Jesus durch seine eigenen Aussagen ganz klar bestätigt. Am Anfang seiner Zeit als Prediger heilte Jesus regelmäßig

Menschen und bat sie, niemanden davon zu erzählen (eine Bitte, der die Menschen nur selten nachkamen). Aber später, als er fühlte, dass sein Tod immer näher rückte, wurden seine Äußerungen gewagter – meist war dies der Fall, wenn er zu seinen Jüngern sprach, manchmal aber auch, wenn er vor einer größeren Gruppe von Menschen predigte.

Jesus bezeichnete sich zum Beispiel als das Brot des Lebens (Johannes 6,35), das Licht der Welt (Johannes 8,12) und den guten Hirten, der sein Leben für die Schafe hergibt (Johannes 10,11–12). Er sagte, „ehe Abraham wurde, bin ich" (Johannes 8,58). Und kurz bevor er verhaftet wurde und starb, sprach er zu seinen Jüngern: „Ich bin der Weg und die Wahrheit und das Leben. Niemand kommt zum Vater außer durch mich. Wenn ihr mich erkannt habt, werdet ihr auch meinen Vater erkennen. Schon jetzt kennt ihr ihn und habt ihn gesehen. Wer mich gesehen hat, hat den Vater gesehen" (Johannes 14,6–7.9).

Bei der Verhandlung nach seiner Verhaftung in Getsemani fragte der Hohepriester Jesus ganz direkt: „Ich beschwöre dich bei dem lebendigen Gott, sag uns: Bist du der Messias, der Sohn Gottes?" Jesus antwortete, „Du hast es gesagt. Ich sage euch: Von nun an werdet ihr den Menschensohn zur Rechten der Macht sitzen und auf den Wolken des Himmels kommen sehen" (Matthäus 26, 63–64).

Die Verklärung Jesu (Lukas 9, 28–36)

Drei seiner Jünger wurden nicht nur Zeugen seiner Wunder und eindeutigen Behauptungen, Gott zu sein, sondern hatten noch ein anderes aufregendes Erlebnis mit Jesus. Petrus, Jakobus und Johannes waren bei Jesus, als er „vor ihren Augen verwandelt" wurde (Matthäus 17, 2). Was in der Bibel beschrieben wird, ist zwar knapp, aber spektakulär: „Und während er betete, veränderte sich das Aussehen seines Angesichts und sein Gewand wurde strahlend weiß. Da redeten zwei Männer mit ihm – es waren Mose und Elija –, sie erschienen im Lichtglanz und sprachen von seinem Ende, das sich in Jerusalem erfüllen sollte" (Lukas 9, 19–31). Und vom Himmel hörten sie eine Stimme: „Dies ist mein auserwählter Sohn, auf ihn sollt ihr hören!" (Lukas 9,35).

Der Tod und die Auferstehung Jesu

Aber nicht nur die von Jesus vollbrachten Wunder und die erstaunlichen Ereignisse, die seine engsten Vertrauten miterlebten, deuteten darauf hin, dass er wirklich Gottes Sohn war. Der überzeugendste Beweis für die Glaubwürdigkeit seiner Behauptung war seine eigene Auferstehung. Nachdem er von Judas Iskariot für 30 Silberstücke an die Obrigkeiten verkauft und durch einen Kuss verraten worden war, wurde Jesus verhaftet, durchlief eine Reihe kurz aufeinander folgender Prozesse und wurde schließlich wegen Gotteslästerung – seiner Behauptung, Gott zu sein – verurteilt (Matthäus 26,63–66). Er wurde geschlagen, geohrfeigt, bespuckt, und man setzte eine Krone aus Dornen auf sein Haupt. Der römische Statthalter, Pontius Pilatus, wollte ihn zuerst nicht verurteilen, gab aber schließlich dem Druck des Volkes nach.

Jesus wurde gezwungen, sein eigenes Kreuz nach Golgota (Kalvarienberg) zu tragen, zur „Schädelstätte". Er wurde ans Kreuz genagelt, und während er dort hing, warfen die Soldaten das Los um seine Kleider – mehr besaß er nicht. Vom Kreuz herab vergab Jesus seinen Peinigern, versprach einem Mitgekreuzigten einen Platz im Himmel und rief zu Gott. Die Kreuzigung war eine grausame Art zu sterben. Der Tod sollte langsam und qualvoll sein, und manchmal zog sich das Sterben über mehrere Tage hin. Jesus starb jedoch wenige Stunden nachdem er ans Kreuz geschlagen worden war. Um sicher zu gehen, dass er auch wirklich nicht mehr am Leben war, stach man mit einer Lanze in seine Seite.

Zweifelsohne hofften die Römer und die religiösen Oberhäupter der Juden, dass damit der Sache nun endlich ein Ende bereitet worden war. Sie wussten aber auch, dass Jesus gesagt hatte, er werde am dritten Tag nach seinem Tod auferstehen. Deshalb rollten sie einen großen Stein vor sein Grab, versiegelten es und stellten eine Wache davor auf.

Als aber drei Tage später eine Gruppe von Frauen kam, um Jesu Leib zu salben, war der Stein weggerollt und sie fanden das Grab leer. In der Nacht war ein strahlender Engel erschienen, hatte den Stein weggerollt und sich auf ihn gesetzt. Die mutigen Soldaten des Römischen Reiches erschraken so sehr, dass sie „aus Furcht vor ihm erbebten…und wie tot" waren (Matthäus 28,4). (Die Wachen waren offenbar geflohen, wurden aber später von den Hohepriestern bestochen, damit sie behaupteten, sie seien eingeschlafen und die Jünger Jesu hätten die Leiche gestohlen [Matthäus 28,11–15]. Außerdem versprachen sie, bei den Vorgesetzten der Soldaten ein gutes Wort für sie einzulegen, da Rom es sicherlich nicht geduldet hätte, dass Wachen auf ihren Posten schliefen.)

Der Engel war immer noch dort, als die Frauen am frühen Morgen kamen. Er sagte ihnen, „[Jesus] ist nicht hier; denn er ist auferweckt worden, wie er gesagt hat" (Matthäus 28,6). Kurze Zeit später sah Maria Magdalena Jesus mit eigenen Augen und danach trat er ungefähr ein Dutzend weitere Male in Erscheinung (Johannes 20,10–18). Einmal zeigte er sich einer Gruppe von ungefähr fünfhundert Menschen (1 Korinther 15,3–8).

Die Bibel liefert uns überzeugende Argumente dafür, dass Jesus wirklich auferstanden ist. Die verschwundene Leiche ist das Entscheidende. Als sich herumsprach, dass er wieder am Leben war, hätten die Obrigkeiten nichts weiter tun brauchen, als den Leuten den toten Körper zu zeigen, und die Gerüchte wären im Keim erstickt. Und es ist undenkbar, dass die feigen Jünger eine Leiche gestohlen haben könnten, die in einem versiegelten Grab lag und von römischen Soldaten bewacht wurde. Aber selbst wenn es so gewesen wäre, wissen wir aus der Heiligen Schrift und der Geschichte, dass zehn der verbleibenden elf Jünger (nachdem sich Judas erhängt hatte) als Märtyrer starben. Sicherlich hätte es sich nicht für sie gelohnt, ihr Leben für einen Leichenraub und eine vorgetäuschte Auferstehung zu opfern.

Die Himmelfahrt Jesu
(Apostelgeschichte 1, 1–11)

Eines der letzten Ereignisse um Jesus, von denen in der Bibel berichtet wird, kann als Bestätigung seiner Göttlichkeit angesehen werden. Das gelegentliche Erscheinen von Jesus fand über einen Zeitraum von vierzig Tagen statt. Am vierzigsten Tag gab er seinen Jüngern letzte Anweisungen und dann „wurde er vor ihren Augen emporgehoben und eine Wolke entzog ihn ihren Blicken" (Apostelgeschichte 1,9). Die Jünger starrten weiter in den Himmel, bis zwei Engel erschienen und ihnen sagten, „Dieser Jesus, der von euch weg in den Himmel entrückt wurde, wird ebenso kommen, wie ihr ihn habt zum Himmel auffahren sehen" (Apostelgeschichte 1,11).

Natürlich bestreiten viele Menschen, dass Jesus mehr war als nur ein außergewöhnlich guter Lehrer. Die Christen glauben, dass er wirklich Emmanuel war („Gott mit uns"), der versprochene Messias und Retter der Welt. Der verbleibende Teil der Bibel versucht hauptsächlich, dieses Konzept zu erklären und zu erläutern.

– 11 –
Die Frühe Kirche

Zu den letzten Worten, die Jesus an seine Jünger richtete, gehörte ein Versprechen: „Geht nicht von Jerusalem fort, sondern wartet die Verheißung des Vaters ab, die ihr von mir gehört habt. Ihr werdet die Kraft des Heiligen Geistes empfangen, der auf Euch kommt, und werdet meine Zeugen sein in Jerusalem und in ganz Judäa und Samarien und bis ans Ende der Welt" (Apostelgeschichte 1,4.8). Die Taten des Heiligen Geistes und das Zeugnis der Anhänger Jesu sind es, die die verbleibenden Seiten der Bibel – von der Apostelgeschichte bis zur Offenbarung – füllen.

Die Feuerzungen (Apostelgeschichte 2)

Viele der politischen und religiösen Bewegungen, die sich im Laufe der Geschichte entwickelt haben, lösten sich wieder auf, sobald ihr Anführer sein Amt niederlegte, starb oder aus anderen Gründen aufhörte, seine Anhänger zu motivieren und zu leiten. Zu jener Zeit waren es gerade mal 120 Menschen, die an Jesus glaubten (Apostelgeschichte 1,15), und – ohne ihren Anführer – wäre zu erwarten gewesen, dass das Christentum niemals erfolgreich werden würde.

Aber Jesus wurde durch einen anderen von Gott gesandten Führer ersetzt: den Heiligen Geist. Eines Tages, als die Gläubigen sich versammelt hatten, wurde das Zimmer vom Brausen eines gewaltigen Sturms erfüllt, und etwas, das aussah wie Zungen aus Feuer, ließ sich auf jedem der Anwesenden nieder. Da wurden alle „mit dem Heiligen Geist erfüllt und begannen in fremden Sprachen zu reden, wie der Geist ihnen zu sprechen verlieh" (Apostelgeschichte 2,4).

Zu jener Zeit waren Juden in Jerusalem, „fromme Männer aus jedem Volk unter dem Himmel" (Apostelgeschichte 2,5). Wie sich herausstellte, verkündeten die Anhänger Jesu „die Großtaten Gottes" in den Sprachen dieser Leute. Jeder hörte von Jesus in seiner eigenen Sprache. Natürlich spotteten manche Leute über dieses ungewöhnliche Ereignis und behaupteten, die Jünger hätten zu viel Wein getrunken. Aber Petrus versicherte der Menge, dass dies nicht der Fall sei. Nachdem er eine kurze Predigt gehalten hatte, „wurden an jenem Tag etwa dreitausend Seelen hinzugefügt". Die Gläubigen begannen, in einer Gemeinde zusammenzuleben, aßen und beteten gemeinsam und teilten ihren Besitz mit allen, die hilfsbedürftig waren. Und die Anzahl der Mitglieder wurde immer größer.

Vom Geist erfüllte Menschen

Der Heilige Geist zeigte den Menschen auch weiterhin, dass er da war. Gestärkt durch den Geist entwickelten die einst so ängstlichen und unsicheren Jünger mehr Selbstbewusstsein und fingen an, ihren Glauben zu verteidigen, wenn sie angegriffen wurden. Außerdem wurden ihnen besondere Heilkräfte verliehen. Jesus hatte einmal zu ihnen gesagt, „Wer an mich glaubt, wird die Werke, die ich vollbringe, auch vollbringen. Und er wird noch größere vollbringen; denn ich gehe zum Vater" (Johannes 14,12).

Petrus zum Beispiel heilte einen gelähmten Bettler (Apostelgeschichte 3,1–10), behauptete sich gegen den Hohen Rat, hatte eine Vision, die ihn davon überzeugte, auch Nichtjuden in den Kreis der Gläubigen aufzunehmen (Apostelgeschichte 10) und wurde auf wundersame Weise aus dem Gefängnis entlassen (Apostelgeschichte 12,1–19). Es kam sogar soweit, dass Menschen ihre kranken Freunde und Verwandten auf die Straße brachten und sie dort auf Matten legten, weil sie hofften, dass Petrus' Schatten auf sie fiel (Apostelgeschichte 5,15–16).

Als die Zahl der Gläubigen größer wurde, lehrten und predigten die ursprünglichen Apostel auch weiterhin, während sie neue Anführer (Diakone) einsetzten, um den Bedürfnissen der Menschen gerecht zu werden. Auch diesen Diakonen wurde vom Heiligen Geist die Macht verliehen, außergewöhnliche Taten zu vollbringen. Einer von ihnen, Philippus, wurde vom Geist dazu aufgefordert, in die Wüste zu gehen. Dort fand er einen Äthiopier, der verzweifelt versuchte, eine Passage aus dem Buch Jesaja zu verstehen. Philipp half dem Mann, das Gelesene zu begreifen und daran zu glauben, und vielleicht gelangte das Evangelium auf diese Weise nach Afrika.

Ein anderer Diakon war Stephanus, ein Mann „voll Gnade und Kraft", der „große Wunder und Zeichen unter dem Volk" tat (Apostelgeschichte 6,8). Er war so einflussreich, dass seine Widersacher falsche Zeugen beriefen, ihn verhafteten und steinigen ließen. Und selbst im Angesicht des Todes äußerte sich Stephanus auf eindrückliche Weise über Jesus und sprach zu seinen Feinden, „Ich sehe die Himmel offen und den Menschensohn zur Rechten Gottes stehen" (Apostelgeschichte 7,56). Als er von den Steinen getroffen wurde, betete Stephanus um die Vergebung der Sünden, die seine Feinde begangen hatten.

Verfolgung von Außen

Unter den Zuschauern bei Stephanus' Steinigung war auch ein junger Mann namens Saul (der im Übrigen auch seine Zustimmung zu der Hinrichtung gegeben hatte). Dieser Mann sollte später zum Apostel Paulus werden. Aber zuerst kämpfte er aktiv gegen die Ausbreitung der neuen, auf Jesus zurückgehenden Religion. Irgendwann begann man, die Anhänger Jesu Christen zu nennen, auch wenn diese Bezeichnung anfangs wahrscheinlich abwertend gemeint gewesen war (Apostelgeschichte 11, 26).

Saulus war aber nicht der einzige, der die Gläubigen verfolgte. Sie wurden von vielen Seiten her bedrängt, und oft wurden sie misshandelt und ins Gefängnis geworfen. Jakobus, einer der engsten Jünger Jesu, wurde von Herodes geköpft (Apostelgeschichte 12, 2), der bemerkte, „dass das den Juden gefiel". Aber Herodes musste bald feststellen, dass er nicht so mächtig war, wie er geglaubt hatte. Als ihn ein paar Leute als Gott priesen und er die Sache nicht richtig stellte, schlug ihn auf der Stelle „ein Engel des Herrn dafür, dass er nicht Gott die Ehre gegeben hatte. Von Würmern zerfressen, gab er den Geist auf" (Apostelgeschichte 12, 21–23). Durch seinen Tod nahm die Verfolgung, der sich die Christen ausgesetzt sahen, aber keineswegs ab.

Probleme von Innen

Wie es bei einer rasch größer werdenden Bewegung zu erwarten gewesen war, konnte niemand dafür garantieren, dass sämtliche Mitglieder der frühen Kirche so pflichtbewusst waren, wie sie es hätten sein sollen. Da war zum Beispiel ein Ehepaar, das einen Teil seines Besitzes verkaufte und dann behauptete, den gesamten Erlös der Kirche gespendet zu haben, obwohl die beiden in Wirklichkeit einen Teil für sich behalten hatten. Natürlich war es ihr gutes Recht, nur einen Teil des Geldes zu spenden, aber ihr vorsätzlich falsches und betrügerisches Handeln wurde als „Lüge gegenüber Gott" gewertet. Als der Mann von Petrus zur Rede gestellt wurde, fiel er auf der Stelle tot um.

Nicht ahnend, was ihrem Mann widerfahren war, bestand die Frau drei Stunden später ebenfalls darauf, den gesamten Erlös ihres Verkaufs der Kirche gegeben zu haben. Auch sie starb auf der Stelle. Dieser Vorfall zeigte ganz deutlich, dass „es nichts Geschaffenes gibt, das vor ihm verborgen wäre; vielmehr liegt alles bloß und enthüllt da vor den Augen dessen, vor dem wir Rechenschaft abzulegen haben" (Hebräer 4,13). Die Folge war, dass „eine große Furcht über die ganze Gemeinde und über alle kam, die davon hörten" (Apostelgeschichte 5,11).

Einmal beobachtete ein Magier, wie die Macht des Heiligen Geistes am Werke war, und bot den Jüngern Geld, damit sie ihm diese Macht übertrugen. Die Jünger aber wiesen ihn aufs Schärfste zurecht (Apostelgeschichte 8,9–25). Ein anderer Magier versuchte, sich gegen Paulus aufzulehnen (nachdem dieser auf wundersame Weise bekehrt worden war), und wurde für eine Weile blind (Apostelgeschichte 13,4–12).

Im Laufe der Zeit schlichen sich verschiedene Doktrinen und Lehren in die Kirche ein, die nicht mehr ganz der Wahrheit entsprachen. Einige der daraus entstandenen Probleme sollten der Kirche später mehr schaden als die Verfolgung, die sie von außen erfuhr. Doch der Heilige Geist, der durch die treuen Anhänger Jesu wirkte, gab der frühen Kirchengemeinde die Kraft und die Weisheit, standhaft zu bleiben und weiter zu wachsen.

– 12 –
Paulus: Sein Leben und Wirken

Neben Jesus ist Paulus die wahrscheinlich bedeutendste Person des Neuen Testaments. Obwohl auch Petrus, Johannes und andere der Jünger Jesu durch ihr Wirken großen und weitreichenden Einfluss hatten, beschritt Paulus völlig neue Wege: Er brachte die Lehre Jesu zu den nichtjüdischen Völkern.

Die Herkunft des Paulus

Als Paulus zum ersten Mal in der Bibel auftaucht, wirkt er nicht gerade sympathisch. Während Stephanus zu Tode gesteinigt wurde, passte Paulus auf die Mäntel der Steinewerfer auf und gab seine Zustimmung zu ihrem Tun (Apostelgeschichte 7,57–58, 8,1). Irgendwann wurde aus seinem Namen Saulus der Name Paulus. Vielleicht nahm er einen nichtjüdisch klingenden Namen an, als er anfing zu Menschen außerhalb der jüdischen Glaubensgemeinschaft zu predigen.

Aber Saulus war mit Sicherheit ein guter Jude. Er wurde in Tarsus geboren, einer Stadt, die stark unter dem Einfluss der Griechen und Römer stand. Paulus hatte nicht nur einen Pharisäer als Vater, sondern gleichzeitig die Ehre, als römischer Bürger geboren worden zu sein – ein Umstand, durch den er in den Genuss bestimmter Privilegien kam. Ein angesehener Rabbi namens Gamaliël war sein Lehrer (Apostelgeschichte 22,3, 26,4–5). Als nun die Anhänger Jesu versuchten, den Juden eine neue Lehre nahe zu bringen, die im Wiederspruch zu seinem Glauben stand, tat Paulus alles in seiner Macht stehende, damit sie verhaftet, ins Gefängnis geworfen und hingerichtet wurden (Apostelgeschichte 26,9–11).

Die Bekehrung des Paulus
(Apostelgeschichte 9,1–19, 22,1–21, 26,9–18)

Eines Tages erhielt Paulus die Erlaubnis, nach Damaskus zu reisen (das ungefähr 150 Meilen entfernt lag), um in der Stadt sämtliche Anhänger Jesu aufzuspüren und als Gefangene zurück nach Jerusalem zu bringen. Auf dem Weg dorthin wurde er jedoch von einem strahlend hellen Licht vom Himmel an seinem Vorhaben gehindert. Er fiel zu Boden und hörte eine Stimme, die ihn fragte, „Saul, Saul, warum verfolgst Du mich?" Paulus, der nichts mehr sehen konnte, fragte, „Wer bist du, Herr?" Die Stimme antwortete: „Ich bin Jesus, den du verfolgst. Doch steh auf und geh in die Stadt; dort wird man dir sagen, was du tun sollst."

Die Männer, die Paulus begleiteten, hörten die Stimme zwar auch, begriffen aber nicht, was vor sich ging. Offensichtlich war etwas geschehen, das Paulus für drei Tage das Augenlicht nahm. Hananias, ein mutiger und treuer Jünger in Damaskus, erhielt von Gott die Weisung, ihn von seiner Blindheit zu heilen und ihn mit den anderen Gläubigen in der Stadt bekannt zu machen. Hananias tat, was Gott ihm befohlen hatte, und Paulus wurde gläubig und ließ sich taufen. Als die Oberhäupter der Juden herausfanden, dass Paulus bekehrt worden war, beschlossen sie, ihn zu töten. Paulus wurde bis zum Ende seines Lebens verfolgt.

Die Mission des Paulus

Nach seiner Bekehrung setzte sich Paulus bald genauso leidenschaftlich für die Verbreitung des Christentums ein, wie er zuvor die Gläubigen verfolgt hatte. Er erkannte, dass Gott ihn auf diese Verwandlung vorbereitet hatte (Galater 1,13–17). Und tatsächlich verdanken wir Paulus und seinen Taten einen Großteil des Neuen Testaments. In der Apostelgeschichte (die von Lukas verfasst wurde) ist vieles aus Paulus' Leben festgehalten, und die Briefe, die der Apostelgeschichte folgen, sind an verschiedene Menschen und Gemeinden gerichtet.

Schon bald wurde Paulus dazu berufen, gemeinsam mit einem anderen Jünger namens Barnabas zu reisen und die gute Botschaft von Jesus auch an fremden Orten zu verkünden. Dies sollte die erste von drei Missionsreisen sein. Paulus half, neue Gemeinden aufzubauen, von denen er später viele noch einmal besuchte oder ihnen Briefe schrieb, um den Kontakt aufrechtzuerhalten. Seine Lehre und die Anweisungen, die er den Gemeinden gab, legten den Grundstein für einen Großteil der christlichen Glaubenslehre.

Das Leiden des Paulus

Paulus war der Ansicht, dass es für einen Christen nicht nur angemessen sei, für seinen Glauben zu leiden, sondern auch ein Privileg, da es ihn mit dem Leiden Jesu in Verbindung brachte. Als eine Gruppe von falschen Aposteln versuchte, seine Autorität zu untergraben, gab er ihnen eine detaillierte Beschreibung der Dinge, die er durchlitten hatte:

„In Mühen viel mehr, in Gefangenschaften viel mehr, in Misshandlungen über die Maßen, oftmals in Todesnöten. Von den Juden bekam ich fünfmal die neununddreißig Hiebe. Dreimal wurde ich ausgepeitscht, einmal gesteinigt, dreimal erlitt ich Schiffbruch, eine Nacht und einen Tag trieb ich auf hoher See. Oft war ich auf Reisen, gefährdet durch Flüsse, gefährdet durch Räuber, gefährdet durch das eigene Volk, gefährdet durch Heiden, gefährdet in der Stadt, gefährdet in der Steppe, gefährdet auf dem Meer, gefährdet durch falsche Brüder. Mühsal und Beschwerde hatte ich zu ertragen, oftmals durchwachte Nächte, Hunger und Durst, häufiges Fasten, Kälte und Blöße – abgesehen von allem noch der tägliche Andrang zu mir, die Sorge um alle Gemeinden!" (2 Korinther 11, 23–28).

Paulus: Seine späten Jahre

Paulus machte es nichts aus, verhaftet und ins Gefängnis geworfen zu werden, weil es ihm die Möglichkeit bot, einflussreichen Menschen von seinem Glauben zu erzählen. Später in seinem Leben wurde er verhaftet und zum Prozess nach Rom gebracht, danach wurde er allerdings wieder entlassen. Anscheinend verhaftete man ihn er aber ein weiteres Mal, und traditionell wird angenommen, dass er geköpft wurde. Dennoch führte er ein zufriedenes Leben (Philipper 4, 12–13) und war bereit zu sterben, wann immer die Zeit dafür gekommen sein sollte. Weil er für seinen Herrn lebte, konnte er aus voller Überzeugung sagen, „Für mich ist das Leben Christus und das Sterben Gewinn" (Philipper 1, 21).

– 13 –
Paulus: Die Briefe

Die ersten fünf Bücher des Neuen Testaments haben vier verschiedene Autoren. Die Evangelien nach Matthäus und Johannes wurden zwei der ursprünglichen Apostel Jesu zugeschrieben. Markus wurde – laut altkirchlicher Tradition – von Johannes Markus verfasst, einem jungen Anhänger Jesu. Das Evangelium nach Lukas und die Apostelgeschichte wurden nach ältester Verfassertradition wahrscheinlich von Lukas geschrieben, einem gebildeten heidnischen Konvertiten, der Paulus hin und wieder auf seinen Reisen begleitete. Die folgenden dreizehn Bücher tragen Paulus' Name als Verfasser, es sind Briefe an verschiedene Gemeinden und Freunde.

Die Briefe sind nicht unbedingt chronologisch geordnet. Wir werden uns an dieser Stelle aber nicht mit Daten aufhalten, da sich Bibelforscher bei vielen der Briefe nicht einig sind, wann genau sie entstanden sind. Wir folgen einfach der Reihenfolge der Bibel, denn was zählt, ist der Inhalt der Briefe, und nicht, wann der Autor sie verfasst hat.

Römerbrief

Paulus' Brief an die Gemeinde in Rom beinhaltet so viele Schlüssellehren, dass er zuweilen als das „Grundgesetz" des Neuen Testaments bezeichnet wird. Paulus spricht offen über den umfassenden Einfluss der Sünde – „Alle haben gesündigt und entbehren der Herrlichkeit Gottes" (Römer 3,23) – und ihre Konsequenzen: „Der Lohn der Sünde ist der Tod" (Römer 6,23). Aber genauso betont er auch, dass Jesus uns durch seinen Opfertod ermöglicht hat, die Vergebung, Liebe und Gnade Gottes zu erfahren. Er versichert: „Es gibt also für die, die in Christus Jesus sind, keine Verurteilung mehr" (Römer 8,1). Diese Menschen sind die „Kinder Gottes" und „Erben Gottes, Miterben Christi" (Römer 8,16–17).

1. und 2. Korintherbrief

Die Briefe, die Paulus an die Gemeinde in Korinth schrieb, sind um einiges persönlicher und vertraulicher als der Brief an die Römer. Trotzdem befassen sie sich mit zahlreichen praktischen Aspekten des Gemeindelebens: Gemeindemitglieder, die sich mit offensichtlich sündhaften Taten rühmen, Rechtstreitigkeiten, Ehe, Geistesgaben, das rechte Feiern des Abendmahls, Zungenreden, Auferstehung der Toten, Leiden und vieles mehr. Und der 1. Korinther 13 ist das „Liebeskapitel" der Bibel. Bei vielen Hochzeiten wird es ganz oder teilweise vorgelesen. (Siehe Seite 151 f.)

Galaterbrief

Der Brief an die Galater ist ein Manifest der Freiheit. Schon damals war der Legalismus ein Problem innerhalb der Kirche. Paulus machte mehr als deutlich, dass der Glaube an Jesus zu Freiheit und spiritueller Unabhängigkeit führen und die Menschen von der Last befreien sollte, ihr Leben ständig nach dem Gesetz richten zu müssen. Die „Frucht des Geistes" im Leben eines Gläubigen ist „Liebe, Freude, Friede, Langmut, Freundlichkeit, Güte, Treue, Sanftmut, Enthaltsamkeit; gegen all dies ist das Gesetz nicht" (Galater 5, 22–23).

Epheserbrief

Während seiner Reisen verbrachte Paulus ungefähr drei Jahre in Ephesus (Apostelgeschichte 20,31). In diesem Brief geht es jedoch nicht um die Auseinandersetzung mit bestimmten Problemen dort, sondern um die Aufforderung an die Leser, ihr Augenmerk beharrlich auf Christus und die Bedeutung seines Opfertodes zu richten. „Denn durch die Gnade seid ihr gerettet aufgrund des Glaubens; und das nicht aus euch selbst – es ist Gottes Geschenk –, nicht aufgrund von Werken, damit niemand sich rühme. Sind wir doch sein Gebilde, geschaffen in Christus Jesus zu guten Werken, die Gott im Voraus bereitgestellt hat, damit wir in ihnen den Weg gehen" (Epheser 2,8–10). Die Gläubigen sind auserwählt und mit dem Heiligen Geist besiegelt worden, und deshalb sollten sie im Licht der Wahrheit und in Einheit miteinander leben. Um dies erfüllen zu können, wurde ihnen die „Waffenrüstung Gottes" gegeben (Epheser 6,10–18).

Philipperbrief

Aus dem Gefängnis schrieb Paulus an die Gemeinde in Philippi: „Freut euch im Herrn allezeit! Noch einmal will ich es sagen: freut euch!" (Philipper 4,4). Der Brief an die Philipper ist einer der ermutigendsten Abschnitte der Bibel. Paulus ruft seine Leser dazu auf, nach Freude, Demut, Dankbarkeit und Einheit zu streben. Paulus' Ziel war klar: „Ich vergesse, was hinter mir liegt, und strecke mich aus nach dem, was vor mir liegt. Dem Ziel jage ich nach, dem Siegespreis der himmlischen Berufung Gottes in Christus Jesus" (Philipper 3,13–14). Und „auf alles, was wahr ist, was würdig, was gerecht, was rein, was liebenswürdig, was dem guten Ruf dient, was es überhaupt an Tugend und Lobenswertem gibt, darauf richtet eueren Sinn … und der Gott des Friedens wird mit auch sein" (Philipper 4,8–9).

Kolosserbrief

Der Kolosserbrief ist in einem viel ernsteren Ton gehalten als der Brief an die Philipper. Eine Irrlehre hatte sich in der Gemeinde ausgebreitet, und durch den Brief sollten die Kolosser auf bestimmte, aber liebevolle Weise auf den rechten Weg zurück gebracht werden.

1. und 2. Thessalonicherbrief

Als die Gläubigen in Thessalonichi nach und nach starben, ohne die versprochene Wiederkehr Jesu erlebt zu haben, kamen bei den Hinterbliebenen natürlich Fragen über das Leben nach dem Tod auf. Paulus versicherte ihnen: „Wir, die wir leben und bis zur Ankunft des Herrn übrig bleiben, werden den Verstorbenen nichts voraushaben. Denn der Herr selbst wird beim Befehlsruf, wenn die Stimme des Erzengels und die Posaune Gottes erschallt, vom Himmel herabsteigen. Dann werden zuerst die in Christus Verstorbenen auferstehen. Danach werden wir, die Lebenden, die noch übrig sind, mit ihnen zusammen auf Wolken in die Luft entrückt" (1 Thessalonicher 4,12). Das Thema Tod und Auferstehung sollte die Gläubigen weder verwirren noch beängstigen, sondern ihnen eine Quelle des Trostes sein (1 Thessalonicher 4,18).

1. und 2. Timotheusbrief

Die letzten vier Paulusbriefe sind eher persönlicher Natur. Zwei sind an Timotheus, einen jungen Leiter der Gemeinde, gerichtet Es werden darin einige Grundregeln für die verschiedenen Ämter in der Kirche festgelegt. Zudem sprach Paulus seinem jungen Schützling Mut zu, indem er ihm sagte: „Niemand soll dich wegen deiner Jugend gering achten; im Gegenteil, werde den Gläubigen zum Vorbild in Wort, Lebenswandel, Liebe, Glaube und Lauterkeit" (1 Timotheus 4,12). Außerdem sagte er: „Gott hat uns nicht einen Geist der Verzagtheit gegeben, sondern der Kraft, der Liebe und der Besonnenheit" (2 Timotheus 1,7).

Titusbrief

Wie Timotheus war auch Titus ein jüngerer Mitarbeiter von Paulus. In diesem Schreiben werden darum viele Themen behandelt, die auch in den Briefen an Timotheus besprochen worden sind.

Philemonbrief

Der Brief an Philemon ist vielleicht der ungewöhnlichste (und kürzeste) Brief, den Paulus je verfasst hat. Philemon war ein Christ, dessen Sklave, Onesimus, offensichtlich etwas gestohlen hatte und dann davon gelaufen war. Auf seiner Flucht lief er zufällig Paulus in die Arme, der den Ausreißer mit der folgenden Nachricht zurück zu Philemon schickte: „Vielleicht ist er nämlich nur deshalb eine Zeit lang von dir getrennt geworden, damit du ihn für die Ewigkeit zurückbehältst, nicht mehr als Sklaven, sondern mehr als einen Sklaven, nämlich als lieben Bruder" (Philemon 1, 15–16).

Jeder einzelne der Briefe eignet sich bestens als Grundlage für das Bibelstudium – die genauere

Untersuchung und Anwendung auf das eigene Leben. Wir sind ihnen in diesem kurzen Kapitel ganz bestimmt nicht gerecht geworden. Ich kann Ihnen aber versichern, dass die Schriften, die Paulus im ersten Jahrhundert verfasst hat, auch heute noch großen Einfluss auf Tausende von Menschen haben und ihnen als Quelle der Inspiration dienen.

– 14 –
Weitere Briefe des Neuen Testaments

Wie wir in den letzten beiden Kapiteln gesehen haben, wurde Paulus von seinen Missionsreisen und den vielen Briefen, die er verfasste, ganz schön auf Trab gehalten. Aber während der Zeit, in der die frühe Kirche rasch größer wurde, war jeder der Anführer sehr beschäftigt. In diesem Kapitel werden wir uns die Schriften einiger anderer Schlüsselfiguren anschauen.

Hebräerbrief

Obwohl viel darüber spekuliert worden ist, kann niemand genau sagen, wer den Hebräerbrief verfasst hat. Es ist jedoch unverkennbar, dass sich der Autor sowohl mit den Gesetzen des Alten Testaments als auch mit dem Leben, dem Tod und der Auferstehung Jesu bestens ausgekannt hat. Der

Brief ist an eine Gruppe von Menschen gerichtet, die mit dem Judentum vertraut waren, und der Verfasser macht sie darauf aufmerksam, inwiefern die Gesetze auf Jesus hindeuteten und wie Jesus alles, was im Gesetz unerfüllt geblieben war, vollendet hat. Zum Beispiel war der Opfertod Jesu ein Ereignis, das die jährliche Opferung von Stieren und Rindern „ein für alle Mal" ersetzte (Hebräer 10,1–18).

Der Verfasser vergleicht Jesus mit vielen Personen und Dingen, die von seinen Lesern verehrt wurden, wie zum Beispiel Engel, Propheten, Mose und Aaron (der erste Hohepriester). Jedes Mal zeigt er, dass Jesus überlegen ist. Seine Rolle und Bedeutung in der Geschichte ist einzigartig und unnachahmlich. Der Autor führt uns außerdem durch eine Art „Ruhmeshalle" der vorbildlichsten Gläubigen (Hebräer 11) und erinnert uns daran, dass diese Menschen auf Gott vertrauten, ohne je das versprochene Resultat ihres Glaubens gesehen zu haben. Im Gegensatz zu ihnen haben die Menschen, die an Jesus glauben, den von Gott seit Jahrhunderten versprochenen Messias *wahrhaftig* gesehen (oder zumindest von ihm gelesen) und sollten deshalb ihr Leben dementsprechend gestalten.

Jakobusbrief

Der Jakobusbrief wurde traditionell einem der Brüder Jesu zugeschrieben. Maria wurde nach Jesus Mutter weiterer Söhne und Töchter, darunter auch Jakobus (Markus 6,2-3).

Jakobus wurde später zu einem der Anführer der frühen Christengemeinde (Apostelgeschichte 15,12-21). Sein Buch ist eines der direktesten und praktischsten Kapitel der Bibel – es ist leicht zu lesen und verständlich genug, um es auf das eigene Leben anzuwenden. Jakobus forderte die Gläubigen dazu auf, ihr Leiden mit Freude auf sich zu nehmen und Gott dafür um Weisheit zu bitten. Zudem betonte er die große Bedeutung von Werken (Gottes Wort in die Tat umzusetzen anstatt es sich nur anzuhören) als Beweis für den Glauben. Dabei war er so radikal, dass der Brief beinahe nicht in den Bibelkanon aufgenommen worden wäre.

Jakobus stellte fest, dass die Zunge ein Problem ist, das nicht in Zaum gehalten werden kann, „ein nimmermüdes Übel, voll von tödlichem Gift" (Jakobus 3,7–8). Außerdem tadelte er Menschen, die Reiche gegenüber Armen bevorzugt behandelten, insbesondere in einem kirchlichen Rahmen.

Am Ende erinnert Jakobus seine Leser an die Kürze des Lebens und die Kraft, die vom Glauben und Gebet ausgeht. Anstatt sich selbst zu rühmen, sollte man Pläne ausschließlich nach dem Grundsatz „Wenn der Herr will" machen (Jakobus 4,13–17).

1. und 2. Petrus

Petrus, einem der engsten Freunde und Jünger Jesu, wurden ebenfalls zwei kurze Briefe zugeschrieben. Er befasste sich darin mit einigen Themen, für die sich auch schon Paulus, Jakobus und andere Verfasser eingesetzt hatten. Er fordert seine Leser dazu auf, sich geistig von allen weltlichen Dingen zu lösen und ihr Leben voll und ganz in den Dienst der Heiligkeit zu stellen. Obwohl die

Gläubigen in dieser Welt leben, sollten sie ihr irdisches Leben als „eine Zeit in der Fremde" (1 Petrus 1,17) betrachten und sich selbst als „ausgewähltes Geschlecht, eine königliche Priesterschaft, ein heiliger Stamm, ein zu Eigen erworbenes Volk" (1 Petrus 2,9).

Das Leiden ist ein fester Bestandteil unseres Lebens, sagt der Verfasser, deshalb sollten wir nicht überrascht sein, wenn es über uns kommt. Und die, die „am Leiden Jesu teilhaben", sollten ihre Probleme mit Freude und Standhaftigkeit ertragen (1 Petrus 4,12–19).

Da der Geist eines Gläubigen ständig von Gefahren umgeben ist (1 Petrus 5,8–9), sollte er nüchtern bleiben und nie vergessen, dass Jesus versprochen hat, zurückzukehren. Was uns als eine lange Zeit erscheinen mag, ist nur ein winziger Abschnitt der Ewigkeit. „Ein Tag ist bei dem Herrn wie tausend Jahre und tausend Jahre sind wie ein Tag" (2 Petrus 3,8). Wenn er endlich anbricht, wird „der Tag des Herrn wie ein Dieb" kommen (2 Petrus 3,10). Und niemals sollten wir den Grund für die vermeintliche Verspätung vergessen: „Der Herr verzögert die Verheißung nicht, wie etliche es für Verzögerung halten, sondern er ist geduldig mit euch, da er nicht will, dass jemand zugrunde geht, sondern dass alle zur Umkehr gelangen" (2 Petrus 3,9).

1., 2. und 3. Johannesbrief

Neben dem vierten Evangelium wurden dem Jünger Johannes und seinem Gemeindekreis traditionell drei Briefe sowie das Buch der Offenbarung zugeschrieben. Johannes nannte sich selbst nie beim Namen. In seinem Evangelium bezeichnet er sich als den „Jünger, den Jesus liebte". Und auch in seinen Briefen gibt er seine Identität nicht preis. Man ist sich allerdings einig, dass sie von Johannes verfasst wurden.

Johannes spricht seine Leser als „meine geliebten Kinder" an. Neben ihrer spirituellen Bedeutung weist diese Anrede darauf hin, dass der Verfasser schon relativ alt war, als er die Briefe verfasste. Nach der kirchlichen Tradition ist Johannes der einzige der elf Jünger (nach dem Selbstmord von Judas), dem der Märtyrertod erspart blieb.

Johannes ruft seine Leser dazu auf, weise Entscheidungen zu treffen. Wählt das Licht und nicht die Dunkelheit (1 Johannes 1,5–7). Liebt Gott und „nicht die Welt, und nicht das, was in der Welt ist" (1 Johannes 2,15–17). Seid nicht selbstsüchtig und engstirnig wie Kain, sondern liebevoll und großzügig wie Jesus (1 Johannes 3,11–24).

Johannes konzentrierte sich besonders auf die Bedeutung der Liebe. Die Liebe, von der er sprach, hatte allerdings nichts mit Romantik zu tun. Vielmehr bestätigen wir durch die Liebe unsere Beziehung zu Jesus: „Wir wollen lieben, weil er uns zuerst geliebt hat. Wenn jemand sagt: Ich liebe Gott!, aber seinen Bruder hasst, ist er ein Lügner. Denn wer seinen Bruder, den er sieht, nicht liebt, vermag Gott, den er nicht sieht, erst recht nicht zu lieben. Und dieses Gebot haben wir von ihm: Wer Gott liebt, soll auch seinen Bruder lieben" (2 Johannes 4,19–21).

Johannes' zweiter und dritter Brief sind zwar beide sehr kurz, aber dennoch sprechen sie den Gläubigen Mut zu und warnen sie vor versteckten Verführern (Antichristen) unter ihnen.

Judasbrief

Der Verfasser des Briefes ist nicht Judas Iskariot oder der andere Jünger namens Judas, sondern ein anderer Judas. Seine Sorge war, dass sich eine Irrlehre immer mehr in der Kirche ausbreitete. In seinem Brief erinnerte er die Leser an die Bedeutung ihrer Errettung und forderte sie dazu auf, sich auf die Wahrheit, die man sie gelehrt hatte, zurückzubesinnen.

An dieser Stelle haben wir also 65 Bücher der Bibel hinter uns gebracht, und nur noch eins liegt vor uns. Aber das Buch, das jetzt noch übrig ist, hat es wirklich in sich!

– 15 –

Die Offenbarung: Das Große Finale

Wenn jemand sagt, er würde gerne mehr über die Bibel erfahren, wünscht er sich oft, das rätselhafte und apokalyptische Buch der Offenbarung besser zu verstehen. In diesem kurzen Kapitel soll versucht werden, den Inhalt und ein paar der Symbole des Buches zusammenzufassen. Die Interpretation dieser Symbole ist jedoch eine andere Sache. Bibelforscher sind sich nämlich noch nicht einmal darüber einig, ob die Ereignisse, von denen in der Offenbarung die Rede ist, in der Zukunft liegen oder ob sie sich (größtenteils) schon längst ereignet haben. Nimmt man das Buch so wörtlich wie möglich, wird man die Ereignisse normalerweise als etwas Zukünftiges betrachten. Wenn man das Buch aber eher symbolisch interpretiert, lassen sich viele Verbindungen zwischen den unglaublichen Dingen, die darin beschrieben werden, und der Zerstörung des jüdischen Tempels durch die Römer im Jahr 70 n. Chr. herstellen.

Die sieben Sendschreiben

Das Buch der Offenbarung entstand auf der Insel Patmos. Der Verfasser hatte er eine unglaubliche und atemberaubende Vision von Jesus (Offenbarung 1, 12–18).

Jesus wies darin Johannes, den Verfasser, an, Briefe an die sieben Gemeinden in Asien zu schreiben (Offenbarung 2, 1–3, 22). Jeder Brief beinhaltete eine besondere Bezeichnung für Jesus, Lob für das, was die Gemeinde gut machte, Tadel für die Probleme innerhalb der Gemeinde und ein Versprechen, was geschehen würde, wenn die Gemeinde durchhielte und ihre Schwierigkeiten überwand.

Von der Erde zum Himmel (Offenbarung 4–20)

Nachdem Johannes die Botschaften an die Gemeinden niedergeschrieben hatte, sah er, wie sich eine Türe im Himmel öffnete. Eine Stimme forderte ihn dazu auf, einzutreten. Augenblicklich wurde er „vom Geist ergriffen" und er hatte eine Vision über das, „was dann geschehen muss" (Offenbarung 4,1–2). Als erstes sah er den Thron Gottes, der von einigen Menschen – den Ältesten – und engelgleichen Geschöpfen umgeben war. Das Wesen auf dem Thron hielt eine wichtige Buchrolle in der Hand, aber niemand war würdig, sie zu öffnen. Dies machte Johannes so traurig, dass er anfing zu weinen. Aber dann sah er ein Lamm, das aussah „wie geschlachtet", und dieses Lamm war würdig, das Buch zu öffnen (Offenbarung 5,6–8).

Das Buch hatte sieben Siegel, und jedes Mal, wenn ein Siegel geöffnet wurde, sah Johannes, wie etwas Schreckliches auf der Erde geschah. Beim Öffnen der ersten vier Siegel erblickte Johannes jedes Mal ein Pferd. Jedes davon hatte eine andere Farbe und trug einen Reiter. Diese vier sind bekannt als die apokalyptischen Reiter und stehen für Krieg, Hungersnot, Sieg und Tod (Offenbarung 6,1–8).

Den sieben Siegeln folgte eine Reihe von sieben Engeln mit Trompeten, und jeder von ihnen kündigte eine weitere Katastrophe an. Den sieben Trompeten folgte eine Reihe von „sieben Schalen mit dem Zorn Gottes" (Offenbarung 16,1). Zwischen all diesen Siegeln, Trompeten und Schalen des Zorns wurde Johannes Zeuge von verschiedenen Ereignissen im Himmel und auf Erden. Er sah einen großen roten Drachen (Satan), der von zwei „Tieren" begleitet wurde (bekannt als der Antichrist und der falsche Prophet). Die Zahl des einen Tieres war 666 (Offenbarung 13,18) und niemand konnte kaufen oder verkaufen, wenn er nicht das Zeichen des Tieres auf der rechten Hand oder der Stirn trug.

Außerdem sah Johannes eine große Menge von Menschen, die alle als Märtyrer gestorben waren und Gott um Gerechtigkeit anflehten (Offenbarung 6,9–11, 7,13–17). Zwei Zeugen mit großer Macht forderten das Tier heraus und weissagten dreieinhalb Jahre lang, bevor das Tier sie angriff und tötete. Aber nachdem sie dreieinhalb Tage auf der Straße gelegen waren, erwachten sie wieder zum

Leben, erhoben sich und stiegen vor den Augen aller „in der Wolke zum Himmel hinauf" (Offenbarung 11,1–12).

An einem Ort namens Harmagedon brach ein furchtbarer Krieg aus (Offenbarung 16,16). Während der Krieg, den die Menschen untereinander führten, schon schrecklich genug war, war Gottes Urteil über die, die nicht bereuten, noch viel schrecklicher. Nach einer langen Reihe von Naturkatastrophen (ungenießbares Trinkwasser, verbrannte Erde, Finsternis, riesige Hagelkörner und so weiter) kam Jesus mit einer himmlischen Heerschar auf die Erde zurück und setzte den Kämpfen ein Ende (Offenbarung 19,11–21).

Am Schluss werden das Tier, der falsche Prophet und Satan in einen „See von Feuer und Schwefel" geworfen, wo sie „bei Tag und Nacht" gepeinigt werden, „bis in alle Ewigkeit". Auch die reulosen Menschen werden verurteilt und in den Feuersee geworfen (Offenbarung 20,10–15).

Ein glückliches (und ewiges) Ende
(Offenbarung 21–22)

Das Ende der Offenbarung unterscheidet sich auf wunderbare Weise von allem, was zuvor geschehen war. Johannes sah einen neuen Himmel, eine neue Erde und eine himmlische Stadt, in der Gott wohnte und durch die der Fluss des Lebens floss. Und „der Sieger wird dies als Erbe empfangen" (Offenbarung 21,7). Die Stadt hatte Straßen aus Gold und Tore, die aus Perlen und zahlreichen anderen wertvollen Steinen gemacht waren. Die Stadt brauchte kein Licht und keinen Tempel, denn die Gegenwart Gottes machte beides überflüssig. In dieser ewigen Stadt wird Gott „jede Träne von ihren Augen abwischen und es wird keinen Tod mehr geben; auch keine Trauer, keine Klage, keine Mühsal wird es mehr geben" (Offenbarung 21,4).

Und im letzten Kapitel der Offenbarung sagt Jesus nicht weniger als dreimal: „Siehe, ich komme bald." Zwar mag die Offenbarung für manche ein bedrohliches und Besorgnis erregendes Werk sein, doch beabsichtigte der Verfasser, den Gemeinden mit seinem Buch Mut zu machen und die Gläubigen dazu zu ermuntern, ihr Vertrauen nicht zu verlieren, was immer auch geschah.

Eines der Dinge, die in der Offenbarung deutlich werden, ist, dass alles, was auf der Erde geschieht, in Gottes Macht steht. Und er kann jederzeit einschreiten, um zu richten und die Dinge wieder in die rechten Bahnen zu lenken. Jene, die auf ihn vertrauen und dementsprechend leben, dürfen sich auf eine sorgenfreie Ewigkeit bei ihm freuen. Es ist ein glückliches Ende, das unserem Leben – und dieser *Espresso-Bibel* – beschieden ist.

Anhang

Die Schöpfungstage (Genesis 1,1–23)

Tag 1 Gott erschafft das Licht und trennt es von der Dunkelheit: Tag und Nacht entstehen.

Tag 2 Gott teilt die bereits vorhandenen Wasser und schafft ein Gewölbe zwischen ihnen – den Himmel.

Tag 3 Gott teilt die Wasser auf der Erde vom trockenen Grund und formt daraus Land und Meere. Das Land fängt an, Grünes hervorzubringen: samentragende Pflanzen und Bäume.

Tag 4 Gott bringt Lichter am Gewölbe des Himmels an: die Sonne, den Mond und die Sterne. Die Sonne und der Mond erhellen die Erde und zusammen dienen sie dazu, Tage, Jahre und Jahreszeiten zu markieren.

Tag 5 Gott füllt das Meer mit Fischen und den Himmel mit Vögeln. Meerestiere und Vögel werden geschaffen.

Tag 6 Gott erschafft die Tiere auf dem Land und dann die Menschen, damit sie über die anderen Tiere herrschen.

Tag 7 Gott ruht. Er segnet den siebten Tag (Sabbat) und erklärt ihn für heilig.

Die Zehn Gebote

1. Du sollst keine anderen Götter haben als mich.
2. Du sollst dir kein geschnitztes Bild machen, kein Abbild von dem, was im Himmel oben oder unten auf der Erde oder im Wasser unter der Erde ist.
3. Du sollst den Namen des Herrn, deines Gottes, nicht missbrauchen
4. Gedenke des Sabbattags, dass du ihn heiligst.
5. Ehre deinen Vater und deine Mutter, damit du lange lebst in dem Land, das der Herr, dein Gott, dir geben will.
6. Du sollst nicht töten.
7. Du sollst nicht ehebrechen.

8. Du sollst nicht stehlen.
9. Du sollst nicht als falscher Zeuge gegen deinen Nächsten auftreten.
10. Du sollst nicht irgendetwas, das deinem Nächsten gehört, begehren.

Die ersten vier Gebote beziehen sich, wie Sie sicherlich bemerkt haben, auf die Beziehung zwischen Mensch und Gott. Die letzten sechs befassen sich mit den Beziehungen der Menschen untereinander.

(*Anm. der Übers.:* Bei der Zählung und Aufteilung der Forderungen in Deckung mit der Zehnerzahl gibt es leichte Unterschiede zwischen den christlichen Konfessionen. Im Alten Testament stehen zwei geringfügig unterschiedliche Fassungen der Zehn Gebote, in Ex. 20,2–17 und in Dt. 5,6–21)

Psalm 23

Der Herr ist mein Hirte, ich leide nicht Not;
Auf grünender Weide lässt er mich lagern.
Er führt mich an Wasser der Ruhe,
Erquickung spendet er meiner Seele.
Er leitet mich auf dem rechten Pfad, getreu seinem Namen.
Und muss ich auch wandern im finsteren Tal,
ich fürchte kein Unheil, denn du bist bei mir.
Dein Stock und dein Hirtenstab, die geben mir Zuversicht.
Du hast einen Tisch mir bereitet vor den Augen der Feine.
Du salbst mein Haupt mit Öl, mein Becher ist gefüllt bis zum Rand.
Es geleiten mich deine Gnade und Huld durch alle Tage des Lebens.
Und wohnen darf ich im Hause des Herrn solange ich lebe.

Die Seligpreisungen (Matthäus 5,3–12)

Selig die Armen im Geist; denn ihnen gehört das Himmelreich.

Selig die Trauernden; denn sie werden getröstet werden.

Selig die Sanftmütigen; denn sie werden das Land erben.

Selig, die hungern und dürsten nach der Gerechtigkeit; denn sie werden satt werden.

Selig die Barmherzigen; denn sie werden Barmherzigkeit erlangen.

Selig, die ein reines Herz haben; denn sie werden Gott schauen.

Selig die Friedensstifter; denn sie werden Söhne Gottes heißen.

Selig, die verfolgt werden um der Gerechtigkeit willen; denn ihnen gehört das Himmelreich.

Selig seid ihr, wenn sie euch um meinetwillen schmähen und verfolgen und euch alles lügnerische nachsagen. Freut euch und jubelt, denn euer Lohn ist groß im Himmel. Denn ebenso haben sie auch die Propheten vor euch verfolgt.

Das Vaterunser (ökumenische Fassung)

Vater unser im Himmel,
geheiligt werde dein Name.
Dein Reich komme.
Dein Wille geschehe, wie im Himmel so auf Erden.
Unser tägliches Brot gib uns heute.
Und vergib uns unsere Schuld, wie auch wir vergeben unseren Schuldigern.
Und führe uns nicht in Versuchung,
sonder erlöse uns von dem Bösen.
Denn dein ist das Reich und die Kraft und die Herrlichkeit in Ewigkeit.
Amen

Das Hohelied der Liebe (1 Korinther 13)

Wenn ich mit Menschen-, ja mit Engelzungen redete, hätte aber die Liebe nicht, so wäre ich tönendes Erz oder eine gellende Schelle. Und wenn ich die Prophetengabe hätte und alle Geheimnisse wüsste und alle Erkenntnis und wenn ich allen Glauben hätte, sodass ich Berge versetzen könnte, hätte aber die Liebe nicht, so wäre ich nichts. Und wenn ich alle meine Habe verschenkte und wenn ich meinen Leib zum Verbrennen hingäbe, hätte aber die Liebe nicht, so nützte es mir nichts.

Die Liebe ist langmütig, gütig ist die Liebe, sie ist nicht eifersüchtig, die Liebe prahlt nicht, sie bläht sich nicht auf. Sie handelt nicht taktlos, sie sucht nicht den eigenen Vorteil, sie lässt sich nicht erbittern, sie trägt das Böse nicht nach. Sie freut sich nicht über das Unrecht, freut sich vielmehr mit an der Wahrheit. Alles erträgt sie, alles glaubt sie, alles hofft sie, alles duldet sie.

Die Liebe hört niemals auf. Prophetisches Reden nimmt einmal ein Ende, Zungenreden verstummt, Erkenntnis vergeht. Denn Stückwerk ist unser Prophezeien. Wenn aber das Vollendete kommt, dann wird das Stückwerk abgetan. Als ich ein Kind war, redete ich wie ein Kind, dachte wie ein Kind, urteilte wie ein Kind. Als ich ein Mann wurde, legte ich ab, was kindlich an mir war. Jetzt sehen wir in einem Spiegel alles rätselhaft, dann aber von Angesicht zu Angesicht. Jetzt erkenne ich stückweise, dann aber werde ich ganz erkennen, so wie ich ganz erkannt worden bin.

Jetzt bleiben Glaube, Liebe, Hoffnung, diese drei; doch am größten unter ihnen ist die Liebe.

Die Bücher der Bibel

Das Alte Testament

Genesis/1. Buch Mose	2 Chronik	Daniel
Exodus/2. Buch Mose	Esra	Hosea
Levitikus/3. Buch Mose	Nehemia	Joël
Numeri/4. Buch Mose	Ester	Amos
Deuteronomium/ 5. Buch Mose	Hiob	Obadja
Josua	Psalmen	Jona
Richter	Spruchwörter/Sprüche	Micha
Rut	Kohelet/ Prediger	Nahum
1 Samuel	Hohelied	Habakuk
2 Samuel	Jesaja	Zefanja
1 Könige	Jeremia	Haggai
2 Könige	Klagelieder	Sacharja
1 Chronik	Ezechiel	Maleachi

Das Neue Testament

Matthäus	Epheser	Hebräer
Markus	Philipper	Jakobus
Lukas	Kolosser	1. Petrus
Johannes	1 Thessalonicher	2 Petrus
Apostelgeschichte	2 Thessalonicher	1 Johannes
Römer	1 Timotheus	2 Johannes
1 Korinther	2 Timotheus	3 Johannes
2 Korinther	Titus	Judas
Galater	Philemon	Offenbarung

Manche Bibeln enthalten zusätzliche Bücher, die sogenannten „Apokryphen". Die Protestanten haben diese Schriften jedoch nicht in ihren Bibelkanon aufgenommen, und in diesem Buch haben wir sie ausgelassen.

Die zitierten Bibeltexte folgen der Übersetzung „Die Bibel AΩ", Herder, Freiburg 2005.